LE PORTUGAL

ET LE

SAINT-SIÈGE

III

LES ROSES D'OR ENVOYÉES PAR LES PAPES
AUX ROIS DE PORTUGAL AU XVIᵉ SIÈCLE

PAR

Le Marquis MAC SWINEY de MASHANAGLASS

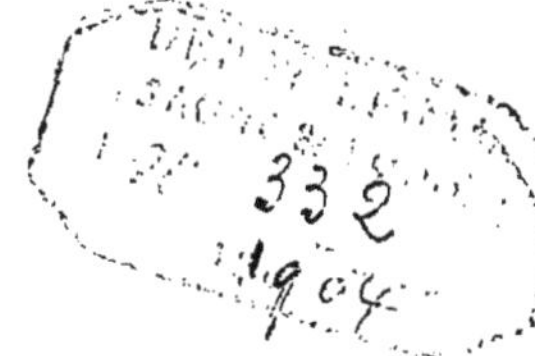

PARIS

ALPHONSE PICARD ET FILS, ÉDITEURS

Libraires des Archives nationales et de la Société de l'École des Chartes
82, Rue Bonaparte, 82

—

1904

Tous droits de traduction et de reproduction réservés.

LE PORTUGAL

ET LE

SAINT-SIÈGE

DU MÊME AUTEUR

Le Portugal et le Saint-Siège. I. Les Épées d'honneur
envoyées par les Papes aux Rois de Portugal au
XVIᵉ siècle.

Le Portugal et le Saint-Siège. II. Les Langes bénits
envoyés par les Papes aux Princes royaux de Portugal.

Le Portugal et le Saint-Siège. Une ambassade Portugaise
à Rome sous Jules II (1505).

POUR PARAITRE PROCHAINEMENT :

Le Portugal et le Saint-Siège. IV. La mission du Cardinal
Alessandrino en Portugal (1571).

Les Concordats conclus entre le Portugal et le Saint-
Siège. En collaboration avec Mgr A. Giobbio, Professeur
de Droit Public.

MACON, PROTAT FRÈRES, IMPRIMEURS.

LE PORTUGAL

ET LE

SAINT - SIÈGE

III

LES ROSES D'OR ENVOYÉES PAR LES PAPES
AUX ROIS DE PORTUGAL AU XVIe SIÈCLE

PAR

Le Marquis MAC SWINEY de MASHANAGLASS

PARIS

ALPHONSE PICARD ET FILS, ÉDITEURS

Libraires des Archives nationales et de la Société de l'École des Chartes
82, Rue Bonaparte, 82

1904

A SON ÉMINENCE

MONSIEUR LE CARDINAL ANDRÉ AIUTI

AVANT-PROPOS

Ce que j'ai dit dans une précédente étude [1], *au sujet des motifs qui, dès la plus haute antiquité, déterminèrent les pontifes romains à récompenser les princes chrétiens des services rendus par eux à la cause de la Religion en leur décernant des distinctions*

1. *Le Portugal et le Saint-Siège.* I. Les Épées d'honneur envoyées par les Papes aux Rois de Portugal au XVIᵉ siècle. *Paris, Picard, 1898.*
« *Aussi loin que l'on remonte dans l'histoire des relations entre nations civilisées, on voit les souverains et chefs d'État échanger des présents en témoignage d'amitié et de cordiale entente ; les circonstances de temps et de milieu ont pu faire varier à l'infini la nature et la richesse de ces dons, elles ont pu entourer d'une pompe plus ou moins grande la cérémonie de leur remise et modifier une foule d'autres détails secondaires, mais leur objectif d'union et de paix est constamment resté le même dans tous les temps et chez tous les peuples.*
Les pontifes romains ne devaient pas rester étrangers à une aussi antique et respectable coutume, qu'accréditaient du reste les traditions bibliques et l'exemple des rois mages venant offrir au divin Enfant les plus précieux produits de leurs lointains royaumes. Par une évolution naturelle, les papes soucieux d'affirmer par tous leurs actes la mission supérieure dont ils sont investis et qu'ils détiennent, non point de par la volonté des hommes mais par celle de Dieu même, voulurent faire participer leurs présents des trésors spirituels dont ils disposent et, leur faisant perdre peu à peu le caractère banal de simples cadeaux, y attachèrent la signification plus élevée et plus noble d'encouragements et de récompenses.
Ces présents, témoignages de la pontificale bienveillance envers les princes chrétiens, ont revêtu les formes les plus diverses et les plus appropriées aux circonstances dans lesquelles ils étaient offerts. »

enrichies de significations symboliques, s'applique tout particulièrement au don de la Rose d'Or.

L'histoire de ce présent insigne qui, avec l'Épée d'honneur et le Chapeau ducal, figure au premier rang des distinctions pontificales réservées aux membres des familles souveraines et aux champions de la Foi [1]*, a donné lieu à toute une littérature spéciale* [2] *et continuera sans doute à retenir l'attention*

---

1. *Les* Langes bénits, *dont l'institution ne remonte qu'au commencement du XVII* siècle, *occupent la seconde place parmi les dons pontificaux.* V. *Le Portugal et le Saint-Siège.* II. Les Langes bénits envoyés par les Papes aux Princes royaux de Portugal. *Paris, Picard, 1899.*

2. M. Eugène Müntz, *dans une remarquable étude sur* les Roses d'Or pontificales, *publiée dans le fascicule de Janvier 1901 de la* Revue de l'Art chrétien, *et, malheureusement restée inachevée par suite de la mort prématurée de l'éminent académicien, a donné une liste des principaux ouvrages consacrés à la Rose d'Or; il ne sera pas inutile de la reproduire ici intégralement :*

Cartari. La Rosa d'Oro Pontificia, Racconto istorico. Roma. 1681.

Du Cange. Glossaire, *sub verbo* « Rosa Aurea, » *éd. Favre, t. VII,* p. 214.

Rechemberg. Exercitatio de Rosa Aurea. *Leipzig, 1686.*

Grapius. Schediasma historicum de Rosa Aurea..... *Leipzig, 1696.*

Ciampini. De Sacris Aedificiis, *p. 120.*

Baldassari. La Rosa d'Oro che si benedice nella IV[a] Domenica di quaresima. *Venezia, 1709.*

Ratschius. Commentatio de Rosa aurea..... *1728.*

Busenelli. De Rosa aurea Epistola. *Padova, 1759.*

Cancellieri. Descrizione delle Cappelle pontificie e cardinalizie, p. 247. *Roma, 1790.*

Moroni. Dizionario di erudizione storico-ecclesiastica, *t. LIX.*

Le Magasin Pittoresque, *1841, p. 326.*

Mgr Barbier de Montault. Œuvres complètes, *t. I, p. 76.*

*des chercheurs et des savants jusqu'à ce que l'obscu-
rité qui entoure encore ses origines aura été complètement dissipée.*

*N'ayant pas l'intention de m'attaquer à ce pro-
blème qui relève au moins autant du domaine de
l'archéologue que de celui de l'historien et que
d'autres, d'ailleurs, ont entrepris de résoudre [1], je me
limiterai à signaler, pour l'intelligence des pages qui
vont suivre, les judicieuses observations que l'illustre*

GIRBAL. La Rosa de Oro. Noticias historicas acerca de esta dadiva pontificia. *Madrid, 1820.*

JORET. La Rose d'Or dans l'antiquité et au moyen âge. *Paris, 1892,* p. 432.

Je n'ai aucunement la prétention de compléter cette bibliographie dressée par M. Müntz, je me bornerai à signaler les ouvrages suivants :

T. RAYNAUDI. S. J. Pontificia. *Lugduni, 1665, t. X.*

CHR. MARCELLUS. Sacrarum Cœremoniarum. *Venetiis, 1582, Liv. I,* cap. V, p. 58.

Mgr ESBERARD. A Rosa de Ouro. *Rio de Janeiro, 1888.*

L. PASTOR. Histoire des Papes. *4ᵉ édition allemande, 1901, t. I,* p. 221.

1. *M. le comte* ÉDOUARD SODERINI, *pour lequel le pape Léon XIII a créé la charge nouvelle de* Latore della Rosa d'Oro, *avec le titre et les privilèges de « Camérier secret participant », s'occupe, depuis près de deux ans déjà, de réunir les matériaux nécessaires en vue de publier une étude complète sur ce don pontifical.*

C'est pour ne pas empiéter sur un terrain qui lui est désormais légitimement acquis que, renonçant à la méthode que j'avais adoptée lors de la publication de mes études antérieures sur des présents pontificaux similaires, je m'abstiens de donner ici des détails sur l'origine de la Rose d'Or et sur les questions de liturgie et de cérémonial qui se rattachent à sa bénédiction et sa remise, ainsi que sur les interprétations multiples auxquelles ont donné lieu les symboles qui caractérisent ce don traditionnel.

*auteur de l'Histoire des arts à la cour des Papes a
faites sur l'esprit même de la donation de la Rose
d'Or et sur les mobiles qui, en thèse générale, ont
dicté les choix faits par les souverains pontifes.*

*« La première conclusion qui s'impose à nous, a
dit M. Eugène Müntz, c'est que l'envoi de la Rose
d'Or à tel ou tel prince ou chevalier n'impliquait
pas seulement une série d'imposantes cérémonies ecclésiastiques ; le plus souvent cette distinction se ratta-
chait à des négociations politiques de la dernière
conséquence..... derrière la façade officielle, l'on
finit par découvrir les ressorts qui ont provoqué des
choix, à coup sûr longuement débattus dans les con-
sistoires secrets [1]. »*

*Intéressante au point de vue de l'art, — les travaux
de M. Müntz l'ont amplement démontré, — la Rose
d'Or l'est également à celui de l'histoire diplomatique
du Saint-Siège.*

*Pour peu que l'on étudie de plus près les circons-
tances qui ont présidé aux différentes époques à la
donation de cette récompense suprême, on parvient à
démêler sans peine « les graves intérêts, les combinaisons savantes qui se cachent derrière ces actes en
apparence de pure courtoisie [2] ».*

---

1. *V. l'art. plus haut cité de la* Revue de l'Art chrétien, *p. 3.*
2. Ibid.

Dans le cas particulier des Roses données par les papes aux membres de la famille royale portugaise au cours du XVIe siècle, cette vérité, que le regretté académicien a été le premier à mettre dûment en lumière, se trouve péremptoirement démontrée.

En effet, chaque Rose envoyée par un pontife à un des princes portugais, pendant cette période héroïque, marque pour ainsi dire une étape de la grandiose épopée militaire et religieuse qui, sous les auspices de la dynastie d'Aviz, se déroula à travers le monde en une suite invraisemblable de découvertes et de conquêtes, de civilisation et d'évangélisation de régions lointaines ou jusqu'alors inconnues.

Il résulte de ce fait que pour saisir toute la portée politique de ces donations pontificales, il est indispensable non seulement de considérer les circonstances immédiates dans lesquelles elles ont eu lieu, mais encore de rechercher avec soin les antécédents qui peuvent avoir contribué à les provoquer.

De là le développement que j'ai cru devoir donner à l'exposition des événements qui se sont produits à cette époque au Portugal et dans ses possessions d'outre-mer, événements qui ont eu une influence particulièrement considérable sur les relations de ce pays avec le Saint-Siège.

N'ayant insisté sur ces faits qu'en tant qu'ils

entraient dans le cadre nécessairement restreint de la présente étude, je me suis borné à faire mention en passant d'une foule de questions connexes qui ne s'y rattachaient que d'une façon indirecte ; je me réserve de consacrer ultérieurement à chacune de celles-ci des monographies spéciales plus ou moins étendues selon leur importance.

LE

PORTUGAL ET LE SAINT-SIÈGE

I

JULES II ET LE ROI EMMANUEL

Le XVe siècle pourrait, à juste titre, être appelé *le siècle des Portugais;* en effet, c'est au merveilleux esprit d'entreprise, à l'énergie sans bornes, au courage indomptable de ce petit peuple, que le XVe siècle doit l'étincelante auréole dont est entouré son souvenir.

On a beau fouiller l'histoire des siècles précédents, depuis la chute de l'empire romain, ou celle des siècles suivants, on ne trouve aucune époque où la civilisation ait reçu un développement aussi considérable par les œuvres d'un seul et même peuple.

L'épopée sublime qui, pendant cent quatorze ans, s'est déroulée depuis le jour où, en 1415, les Portugais s'emparant de Ceuta ouvrirent l'ère de leurs conquêtes et de leurs découvertes « ultra-marines », jus-

qu'en 1529, lorsque le traité des Moluques leur assura
la possession de cet archipel, touche à l'invraisem-
blance ; il faut toute l'authenticité indiscutable des
documents sans nombre qui nous en ont conservé
jusqu'aux moindres détails, pour nous convaincre de
la réalité de faits qui, à première vue, semblent voi-
sins de l'impossible.

L'action maritime des Portugais, — nouvelle manifestation de leur génie aventureux et de leur exubé-
rante activité qui, jusque là, avaient trouvé un ali-
ment suffisant dans la lutte quotidienne contre le
Maure, détenteur d'une partie considérable du sol
national, — eut pour véritable initiateur l'Infant Dom
Henri, dit le *navigateur*, et se poursuivit avec une
intensité toujours croissante durant les règnes d'Alphonse V et de Jean II, le « *prince parfait* », qu'elle
immortalisa.

Il est permis de douter, en raison des circonstances
des temps et de la difficulté relative des moyens de
communication à cette époque, que la majeure partie des contemporains ait pu apprécier à sa juste
valeur l'immensité des services rendus par les Portugais à la double cause de la Foi et de la civilisation ;
mais, il n'en est pas de même des pontifes romains
qui, informés, dès le début, de l'importance de leurs
entreprises, les favorisèrent et les encouragèrent,

non seulement en leur en facilitant la réalisation par des concessions d'ordre, tant matériel que spirituel, mais encore en leur garantissant l'entière possession de leurs conquêtes par les sanctions officielles qu'ils leur en accordèrent.

Ce fait qui honore hautement la Papauté, ressort d'une façon évidente de la longue liste de bulles et de brefs adressés en ce sens aux rois de Portugal ainsi que des nombreux témoignages de déférence et de gratitude que ceux-ci leur donnèrent en retour. Il n'a pas échappé, du reste, à l'attention des savants de l'école moderne, de ceux qui s'efforcent de reconstituer l'histoire du passé en puisant leurs informations aux seules sources originales.

Dans l'introduction d'une précieuse collection de documents relatifs aux « conquêtes », publiée à l'occasion du ive centenaire de la découverte de l'Amérique[1], sur l'ordre du gouvernement portugais, par les soins d'une commission désignée à cet effet par l'Académie Royale des Sciences de Lisbonne, M. J. Ramos-Coelho, président de cette commission, était amené à faire la déclaration suivante au sujet des relations existant à cette époque entre le Portugal et le Saint-Siège, pour justifier, en quelque sorte, la surabon-

---

1. Algums documentos do Archivo nacional da Torre do Tombo, etc...... Lisboa. Imprenta nacional, 1892.

dance de documents pontificaux contenus dans ce recueil :

« L'histoire politique et l'histoire religieuse étaient si intimement unies à ces époques lointaines, l'autorité de l'Église était si considérable, les faveurs que les représentants de Jésus-Christ sur la terre accordaient aux rois et aux peuples si multiples et grandes, leurs décisions si universellement reconnues et honorées, d'aucunes même aussi efficaces que de véritables lois et constituant la base même du droit, que l'on s'étonnerait si nous eussions procédé autrement[1]. »

Et de fait, les princes chrétiens reconnaissaient encore au Pontifical suprême une sorte de souveraineté supérieure en vertu de laquelle il appartenait exclusivement à lui, non seulement de conférer les couronnes impériales et royales, mais encore de reconnaître la possession des territoires acquis et de décider, en dernier ressort, dans les cas contestés.

C'est ainsi que, de commun accord, les rois de Portugal et de Castille eurent recours à l'arbitrage du Saint-Siège lorsque Christophe Colomb, dont Jean II avait trop légèrement refusé les services, eut ouvert à l'Espagne l'immensité du Nouveau Monde dont les Portugais prétendaient avoir leur bonne part. Les parties intéressées s'inclinèrent respectueusement

1. *Ibid.*, Préface, p. xv.

devant la sentence arbitrale rendue par Alexandre VI qui, dans la célèbre bulle « *Inter Cetera* » traçait une ligne imaginaire, allant d'un pôle à l'autre, et délimitant les sphères d'action respectives des deux couronnes [1].

Cette sentence, dont les détails furent réglés à l'amiable par le traité conclu et signé dès l'année suivante à Tordesillas [2] par les plénipotentiaires des rois de Portugal et de Castille, évita une série de contestations sans nombre qui eussent certainement entraîné des conflits sanglants et gravement compromis la civilisation et l'évangélisation du Monde nouvellement découvert.

*
* *

Le 25 octobre 1495, le roi Jean II mourut, sans postérité légitime, laissant la couronne à son cousin germain Dom Emmanuel, duc de Béja.

Le règlement des questions pendantes à l'intérieur occupa, tout d'abord, l'attention du nouveau roi, mais

---

1. Bulle *Inter Cetera*, 4 mai 1493. Archives du Vatican. Alex. VI, Reg. 775, f. 42 v°.

Un magnifique *fac-similé* de cette bulle a été publié dans une monographie spéciale intitulée *Documenta selecta tabularii secreti S. Sedis*, etc., à l'occasion du centenaire de la découverte de l'Amérique par Christophe Colomb en 1892, aux frais du Saint-Siège. Planche II.

2. 7 juin 1494. V. Pinheiro Chagas. *Historia de Portugal*. Lisboa, t. IV, p. 278.

à peine celles-ci eurent-elles été résolues de manière à lui laisser entière liberté d'action, toute sa sollicitude se porta sur l'héritage que son prédécesseur lui avait légué au delà des mers.

Cet héritage comprenait toute la côte occidentale d'Afrique, depuis le Maroc jusqu'au Cap de Bonne-Espérance, récemment découvert, plus cette *bonne espérance* d'atteindre les Indes si ardemment désirées, qu'avait finalement ouvert aux navigateurs portugais le passage de l'extrémité méridionale du continent africain.

L'œuvre qui s'imposait désormais à l'activité infatigable des Portugais était double : d'une part, il s'agissait de continuer la série des découvertes entreprises sous d'aussi favorables auspices et, d'autre part, d'affermir l'autorité du pavillon national sur les régions déjà conquises tout en cherchant à en retirer les avantages matériels qu'il était permis d'en attendre ; en d'autres mots, de mettre en valeur les nouvelles colonies.

C'est à l'accomplissement de cette tâche gigantesque que Dom Emmanuel consacra tous ses efforts, déployant une énergie et une persévérance à toute épreuve que desservait admirablement l'esprit d'initiative et d'organisation dont il était doué à un degré supérieur.

Un point sur lequel les historiens du roi Emmanuel

n'ont, — peut-être volontairement, — pas suffisamment insisté, c'est la piété sincère et profonde dont il était animé et qui a présidé, d'une façon notoire, aux actes les plus graves et les plus importants de sa vie. Que sa foi ait été un mobile puissant, qui en bien des circonstances, l'ait guidé dans ses conseils, c'est là, je crois, une vérité que les prosaïques défenseurs des doctrines de l'utilitarisme à outrance, seraient bien embarrassés de confuter les pièces à la main.

Dès son avènement au trône, Dom Emmanuel rêva d'une grande expédition contre les Maures d'Afrique, ennemis jurés du nom chrétien ; il fit part de son projet d'en prendre lui-même le commandement à Alexandre VI qui siégeait alors sur le trône de Pierre. Le Pape, par sa bulle *Cum Charissimus* [1] l'encouragea chaleureusement dans ce projet, exhortant ses sujets à lui en faciliter la réalisation.

Mais, tandis qu'il préparait cette entreprise guerrière, il ne perdait pas de vue la continuation de l'œuvre grandiose de ses prédécesseurs. Il s'occupa activement de faire équiper une flotte qui, sous les ordres de Vasco da Gama, aurait pour mission de suivre la route tracée, dix ans auparavant, par Bartho-

---

1. 13 septembre 1496. Raynald. *Annales Ecclesiastici.* Roma, 1646-1677, ad. ann. 1496, n° 28.

lomeu Dias, pour arriver aux Indes. Il ne manqua pas d'informer le Pape de son aventureux dessein et de solliciter de lui la reconnaissance anticipée de la possession exclusive des territoires nouveaux qu'il espérait bien découvrir. Alexandre VI accéda à ses désirs et, dans sa bulle *Ineffabilis et summi* [1], du 1er juin 1497, lui en donna l'assurance officielle. Cet important document se termine par une prière, tout à l'honneur de ce pontife qui, nonobstant ses impardonnables fautes, n'a jamais oublié, dans ses actes publics, la responsabilité qui lui incombait comme chef de l'Église. Il le priait de s'efforcer d'introduire la religion chrétienne dans les régions que ses navigateurs s'apprêtaient à découvrir.

Le chroniqueur João de Barros nous rapporte que, la veille du jour où la flottille devait mettre à la voile, Vasco da Gama et ses compagnons allèrent prier la Sainte Vierge de leur être propice, dans la petite chapelle de N.-D. de Belem que l'infant Dom Henri avait fait ériger au Restello, afin que les navigateurs pussent y faire leurs dévotions avant de prendre la mer.

L'embarquement, auquel assistait le Roi et toute sa

---

1. Archives de Torre do Tombo, maço 16 de Bullas, nᵒ 22. Vis- conde de Santarem. *Quadro elementar das Relaçoes politicas e diplomaticas de Portugal*. Lisboa, 1866, t. X, p. 118. Levy Maria Jordão. *Bullarium Patronatus Portugalliæ*. Lisboa, 1868, t. I, p. 56.

cour, revêtit un caractère quasi religieux qui rehaussa singulièrement la solennité de cet acte : après avoir entendu la messe, les hardis explorateurs se rendirent processionnellement à leurs navires tenant des cierges allumés à la main, tandis que prêtres et moines imploraient pour eux les bénédictions du Ciel et que la foule enthousiaste les acclamait éperdûment[1].

Le 8 juillet 1497, les caravelles de Vasco da Gama levèrent l'ancre pour leur lointaine destination,

Il ne m'appartient point de suivre ici pas à pas, les progrès aussi rapides qu'extraordinaires accomplis par les expéditions qui se succédèrent les unes aux autres pendant les années subséquentes, progrès qui ajoutaient sans cesse de nouveaux fleurons à la couronne royale tout en élargissant dans des proportions inespérées le domaine du Christ. Je tiens seulement à indiquer à grands traits, et sans m'attarder aux détails, l'influence que ce grand mouvement de christianisation et de civilisation exerça sur les relations entre le Portugal et le Saint-Siège.

Quelques jours seulement avant le retour triomphal à Lisbonne de Vasco da Gama qui avait accompli heureusement la mission dont il avait été chargé (29 août 1499), Alexandre VI expédiait à Dom Emma-

1. PINHEIRO CHAGAS. *Op. cit.*, loc. cit., p. 330.

nuel sa bulle *Cum sicut nobis*[1], par laquelle il lui accordait le *jus patronatus* sur tous les territoires conquis par lui sur les Maures d'Afrique. Cette concession était sans doute destinée à l'encourager dans la lutte incessante qu'il soutenait contre les sentinelles avancées de l'Islam.

En effet, le péril turc devenait de plus en plus menaçant pour l'Europe et, poursuivant la politique que lui avait léguée ses prédécesseurs, le Pontife prit l'initiative d'organiser une ligue des princes chrétiens en vue d'opposer une résistance sérieuse aux envahissements de l'ennemi commun. Pour ce, « vers la fin de l'automne de 1499, Alexandre VI écrivit à tous les princes de la Chrétienté des lettres par lesquelles il les invitait à envoyer des ambassadeurs à Rome, au mois de mars de l'année suivante, pour y délibérer sur la formation d'une ligue contre les Turcs[2] ». Dom Emmanuel répondit à cet appel du Pape dans des termes qui lui causèrent la plus vive satisfaction et lui firent concevoir les plus grandes espérances ainsi qu'il résulte des brefs *Accepimus nuper* et *Postquam ad litteras* qu'il lui adressa dans le courant du mois de

---

1. 23 août 1499. Archives de Torre do Tombo, maço 33 de Bullas, n° 9. *Quadro elementar*, etc., loc. cit., p. 119.
2. L. Pastor. *Histoire des Papes*. Paris, 1898, t. VI, p. 82.

février 1500[1] ; néanmoins, pour une raison ou pour une autre, il n'envoya pas de suite à Rome l'ambassadeur demandé, et ainsi il ne se trouva pas représenté au consistoire secret qui eut lieu le 11 mars et auquel assistèrent les envoyés des Puissances, présents dans la Ville Éternelle.

« Les réponses des ambassadeurs furent si peu satisfaisantes que le Pape se plaignit hautement de l'attitude de l'Allemagne, de la France et de Naples ; seule l'Espagne reçut des éloges sans réserve[2]. »

Au mois de mai, un nouveau consistoire fut tenu, dans lequel Alexandre VI exposa les mesures qu'il avait résolu de prendre en vue de précipiter l'action commune contre les Ottomans ; un légat serait expédié en Hongrie, une dîme serait levée sur le clergé de France, d'Allemagne et de Hongrie, dîme dont les cardinaux eux-mêmes ne seraient pas exemptés.

Dans le courant de l'été, le Pape adressa aux chefs des principaux États de nouveaux et pressants appels dépeignant sous les plus sombres couleurs les progrès constants des Turcs qui, désormais, menaçaient Rome elle-même, centre de la Chrétienté, et but final de leurs

---

1. *Accepimus nuper*, 10 février 1500, Archives de Torre do Tombo, maço 36 de Bullas, n° 63. *Postquam ad litteras*, 15 février 1500, maço 36 de Bullas, n° 17. *Quadro elementar*, etc. loc. cit., p. 121.

2. PASTOR, *op. cit.*, loc., cit., p. 83.

aspirations. Dans le consistoire du 11 septembre, il fut décidé que l'on tenterait d'obtenir que la flotte espagnole se portât sans retard à la rencontre des Turcs et que des légats seraient envoyés auprès de l'Empereur, des rois de France, d'Angleterre, de Portugal, de Hongrie, de Pologne, etc. Ces légats furent désignés dans le consistoire du 5 octobre [1].

Malgré ce grand déploiement de zèle officiel, l'ambassadeur de Venise à Rome se montrait quelque peu sceptique quant aux véritables intentions du Pontife, ainsi qu'il apparaît dans les dépêches qu'il adressa à son gouvernement [2].

Tout en prenant la défense du Pape, en cette circonstance, Pastor est amené à reconnaître que, « si Alexandre VI avait été capable de renoncer à faire de la politique un instrument de népotisme et surtout à seconder les projets de César (Borgia), il eût pu exercer une action beaucoup plus féconde [3]. »

Quoi qu'il en soit, — et pour ma part, j'avoue que je suis tenté de rejeter, avec Pastor, la principale responsabilité de ces atermoiements funestes sur l'impardonnable tiédeur des princes chrétiens, — il est un fait

1. *Johannis Burchardi Diarium sive rerum urbanarum commentarii* (1483-1506). Texte latin publié par L. Thuasne. Paris, 1885, t. III, p. 82.

2. Art. DE GOTTLOB dans *l'Hist. Jahrb.*, t. VI, p. 459, et SANUTO, t. III, p. 856, 879, 939, 977. V. PASTOR, *op. cit.*, loc. cit., p. 83 et 88.

3. PASTOR, *op. cit.*, loc. cit., p. 88.

certain, c'est que le roi de Portugal partageait les sentiments de méfiance de l'ambassadeur vénitien à l'égard d'Alexandre VI.

Ceci ressort d'une façon indubitable des instructions données par Dom Emmanuel à Francisco Lopes, envoyé par lui à Rome, au commencement de l'année suivante, pour traiter ses affaires en général et celle de la ligue en particulier.

Le Roi chargeait son envoyé de rappeler au Pape qu'à diverses reprises Sa Sainteté l'avait exhorté, soit par des lettres écrites *motu proprio*, soit par des brefs qu'Elle lui avait adressés en même temps qu'aux autres princes chrétiens, à porter remède aux progrès des Turcs ; il était personnellement disposé à correspondre aux désirs du Pape en employant pour cela tous les moyens qui étaient en son pouvoir à condition, toutefois, que l'entreprise fût menée de la façon que l'exigeaient les circonstances, ce à quoi Sa Sainteté n'avait point pourvu jusque là ainsi qu'Elle l'aurait dû faire, car, s'il en avait été autrement, le péril ne serait pas aussi immiment et il n'y aurait pas actuellement d'aussi graves conséquences à redouter.

Il ajoutait que la curie romaine aurait dû agir différemment, ne serait-ce qu'afin de pourvoir à sa propre sécurité ; mais, comme d'une part il n'avait pas reçu de réponse aux lettres qu'il lui avait adressées à ce sujet

et que, d'autre part, il ne pouvait assumer à lui seul
une entreprise de cette importance car, s'il l'avait pu,
il n'aurait pas attendu pour ce faire que la cour de
Rome l'y engageât, il se préparait à passer en Afrique,
dès le mois de juin prochain, ainsi qu'il avait résolu
depuis longtemps déjà, avec six mille chevaliers du
royaume, sans compter bon nombre d'étrangers, et
une forte armée de fantassins, munie d'artillerie grosse
et légère.

Il était prêt, disait-il, à mettre son projet à exécution, lorsque l'ambassadeur vénitien [1] lui avait exposé
la gravité des dangers dont était menacée la Chrétienté
et la détresse dans laquelle se trouverait Venise au cas
où les princes chrétiens ne lui porteraient pas le secours
qu'elle leur demandait et qu'ils devaient lui donner.
Pour cette raison, il avait résolu d'unir, à la grande
armée qu'avaient formée les Vénitiens et à la flotte que
le roi de Castille avait déjà envoyée sur les lieux et
qu'il se préparait à accroître encore davantage, les forces

---

1. Ce personnage était Domenico Pisani, ambassadeur près la cour
d'Espagne, qui avait reçu la mission de se rendre en Portugal pour
exprimer à Dom Emmanuel les condoléances de son gouvernement
à l'occasion de la mort de son fils et, en même temps, lui demander
son concours contre le Turc. V. Archives d'État à Venise. Délibéra-
tion du Sénat, en date du 7 septembre 1500. Je suis redevable de
cette information à M. le Comm. MALAGOLA, l'éminent directeur des
Archives de Venise.

qu'il avait destinées à son expédition d'Afrique, à laquelle il renonçait pour le moment, sacrifice qui lui coûtait beaucoup, mais qu'il se considérait obligé de faire en faveur de la cause commune de la Chrétienté, bien que Sa Sainteté ait fort peu contribué aux dépenses énormes requises pour cette expédition [1].

Francisco Lopes arriva à Rome le 15 août et se mit aussitôt en devoir d'exécuter les ordres de son maître [2].

Cependant, fidèle à ses engagements, Dom Emmanuel avait envoyé au secours de la Sérénissime une flotte commandée par D. Jean de Menezes, comte de Tarouca, qui après avoir opéré sa jonction avec celle des Vénitiens, parut devant Corfou, contraignant l'escadre de Bajazet, inférieure en nombre, à se retirer sans même livrer bataille [3].

L'indifférence de la majorité des princes chrétiens, — qui fait ressortir encore davantage le zèle sincère et efficace du roi de Portugal, — en laissant la République de Saint-Marc, à peu près seule pour soutenir le choc redoutable des armes ottomanes, obligea celle-ci à conclure avec les Turcs, dans les conditions que

---

1. L. A. REBELLO DA SILVA. *Corpo Diplomatico Portuguez*. Lisboa, 1862, t. I, p. 1 *Quadro elementar*, etc., loc., cit., p. 122.

2. Lettre de Francisco Lopes au Roi. Rome, 28 août 1501. *Corpo Diplomatico Portuguez*, loc. cit., p. 5. *Quadro elementar*, etc., loc. cit., p. 124.

3. H. SCHÆFER. *Histoire de Portugal*, Paris, 1846, p. 57.

l'on sait, l'armistice du 14 décembre 1502, qui aboutit au traité de paix du 20 mai de l'année suivante.

Ces traités de paix signés avec les Turcs à plusieurs reprises, depuis la chute de l'empire byzantin, jusqu'à l'écrasement de la puissance ottomane sous les remparts de Vienne, constituaient les plus honteuses défaites qu'ait eu à subir le prestige du monde chrétien, dont ils prouvaient l'égoïsme particulariste et la décadence morale.

Une fois sa mission à Rome achevée, Francisco Lopes, dont le Roi n'avait guère lieu de se considérer satisfait, fut rappelé au Portugal ; cette mission avait eu, pour tous résultats pratiques, la concession de grâces spirituelles, en faveur de ceux qui prendraient part aux expéditions projetées par le Roi en Afrique [1], et celle de la dîme à percevoir pendant trois ans sur les revenus ecclésiastiques afin de subvenir en partie aux dépenses occasionnées par la guerre contre les Turcs [2].

Dom Emmanuel remplaça Francisco Lopes, en

1. Bulle *Catholicæ fidei*, 23 octobre 1501. Archives du Vatican. Alex. VI, Reg. 868, f. 117 *b*. Archives de Torre do Tombo, maço, 16 de Bullas, n° 14. *Corpo Diplomatico Portuguez*, loc. cit., p. 16. *Quadro elementar*, etc., loc. cit., p. 128.

2. Bulle *Etsi dispositione superna*, 23 octobre 1501. Archives de Torre do Tombo, maço 13 de Bullas, n° 14. *Corpo Diplomatico Portuguez*, loc. cit., p. 18. *Quadro elementar*, etc., loc. cit., p. 129.

qualité d'ambassadeur à Rome, par Ruy de Sousa, gentilhomme de sa maison et doyen du chapitre de Porto. Celui-ci arriva dans la Ville Éternelle, le 11 janvier 1502 [1].

Tandis que ces événements se passaient en Europe, l'extraordinaire épopée maritime des Portugais continuait à se dérouler dans des proportions toujours plus grandioses, sur l'immensité de l'Océan. Les heureux résultats obtenus par la petite expédition de Vasco da Gama, avaient décidé le Roi à envoyer une nouvelle flotte, beaucoup plus puissante, aux Indes, afin d'y affermir sur des bases plus solides, la domination de son sceptre. C'est Vasco da Gama lui-même qui, au dire des chroniqueurs du temps, désigna au choix de Dom Emmanuel, pour commander cette escadre, Pedro Alvares Cabral, navigateur de mérite éprouvé.

Le départ de la flotte, qui fut précédé de cérémonies religieuses et de prières publiques dans le temple de Belem déjà en voie de construction, s'effectua heureusement, le 9 mars 1500 ; le 22 avril les caravelles portugaises se trouvaient à la hauteur du Cap Vert.

Suivant les conseils de Gama, Pedro Alvares cingla

1. Lettre du doyen de Porto au Roi, 7 mars 1502. *Corpo Diplomatico Portuguez*, loc. cit., p. 28. *Quadro elementar*, etc., loc. cit., p. 131.

vers l'ouest, dans le but de doubler plus aisément le redoutable cap des Tempêtes en le passant au large; cette manœuvre devait avoir des conséquences aussi grandes qu'imprévues. En effet, au bout de quelques jours de navigation dans cette direction, on aperçut une terre nouvelle, terre d'une beauté et d'une fertilité merveilleuses. Comme on était dans la semaine de Pâques, les pieux explorateurs lui donnèrent le nom de Vera Cruz et leur première pensée, en y abordant, fut d'ériger sur la plus haute colline, la croix du Rédempteur !

C'était le 1er mai; Pedro Alvares Cabral avait découvert le Brésil !

A peine la croix eut-elle été plantée, un autel fut dressé à son pied et le père Henrique, premier aumônier de l'expédition, assisté de tous les religieux qui en faisaient partie, célébra la sainte messe en présence des navigateurs et d'une foule d'indigènes qui, de toutes parts, étaient accourus et avaient fait le meilleur accueil aux Portugais. Cette scène inoubliable a été immortalisée par le pinceau de Victor Meirelles.

Époque heureuse et glorieuse, en vérité, où les plus grandioses entreprises commençaient par des prières et des vœux et s'achevaient par des actions de grâces à Celui qui tient entre ses mains, la destinée des hommes et des peuples !

La caravelle commandée par Gaspar de Lemos fut aussitôt envoyée à Lisbonne pour annoncer au Roi la nouvelle découverte et l'escadre, après avoir laissé deux déportés à terre pour y apprendre la langue des habitants et se familiariser avec eux, reprit la mer pour continuer son aventureux voyage [1].

Je n'ai pas davantage à suivre Pedro Alvares Cabral dans son expédition aux Indes, que Vasco da Gama dans celle qu'il y fit de nouveau en 1502, Alphonse et François d'Albuquerque dans celle qu'ils y conduisirent en 1503, et, après eux, François d'Almeida en 1505; ce serait m'écarter trop sensiblement du sujet qui fait l'objet de la présente étude. Néanmoins, je ne puis manquer de les rappeler, au moins en passant, sans omettre les titres principaux acquis par Dom Emmanuel à la reconnaissance du Saint-Siège, car, il ne faut pas l'oublier, dans toutes les entreprises des Portugais, le missionnaire marchait aux côtés de l'explorateur et la croix était toujours dressée sur les terres découvertes et conquises, à côté du drapeau national.

Cependant, le Roi continuait à s'occuper du développement de ses colonies d'Afrique; en 1504, il

---

1. Voir la relation originale de la découverte écrite par Pero Vaz de Caminha et envoyée au roi de Portugal. *Algums Documentos* etc., loc. cit., p. 108 et suiv.

envoya de nouveaux missionnaires au Congo, afin de poursuivre l'œuvre d'évangélisation qui avait déjà donné de notables résultats dans cette région dont le roi lui-même avait reçu le baptême. Mais, ce qui le préoccupait principalement, c'était la situation sur la côte septentrionale, qui était encore loin d'être bonne, et où les Maures tenaient toujours ses troupes en échec.

Sur ces entrefaites, le 18 août 1503, Alexandre VI, succombant à une courte maladie, avait été appelé à rendre compte de ses actes devant le tribunal de Dieu. Après un conclave d'une rapidité extraordinaire, motivée par les circonstances particulièrement critiques dans lesquelles il s'ouvrit [1], le cardinal Piccolomini fut élu et prit le nom de Pie III. Mais, il ne devait pas jouir longtemps des honneurs du pontificat ; à la suite des fatigues insolites auxquelles il fut soumis à l'occasion de son élection et de son couronnement, la goutte dont il souffrait s'envenima tout à coup et détermina sa mort. Il avait régné tout juste vingt-six jours !

---

1. Les troupes françaises et espagnoles se trouvaient dans le voisinage immédiat de Rome, et César Borgia occupait le château Saint-Ange. Une sourde agitation régnait dans la Ville Éternelle. Dans ces circonstances la tenue du conclave dut être ajournée d'un mois, à la mort du Pape, et la solution s'imposait, prompte et décisive, pour éviter les périls qui menaçaient le Saint-Siège de toutes parts.

Le conclave qui devait lui donner un successeur procéda plus rapidement encore que celui qui l'avait élu : ouvert le 31 octobre 1503, le 1er novembre, le cardinal Julien de la Rovère était proclamé pape sous le nom de Jules II.

Le nouveau Pontife, un des caractères les plus complexes et les plus remarquables de son époque, avait devant lui une œuvre colossale d'épuration et de pacification à accomplir dans les États de l'Église où régnait le désordre le plus complet, résultat naturel du gouvernement de son prédécesseur. Mais il était à la hauteur de la tâche et, par son activité, son énergie et sa persévérance, il sut rétablir la tranquillité intérieure, indispensable au chef de l'Église, pour lui permettre d'exercer librement et efficacement son ministère apostolique sur la Chrétienté tout entière.

Parmi les clauses de la capitulation électorale conclue entre le cardinal Julien de la Rovère et les cardinaux espagnols à la veille du conclave et confirmée par Jules II, aussitôt après son élection, figurait en première ligne, la continuation de la guerre contre les Turcs [1].

Jusqu'à quel point le Pape avait-il véritablement l'intention de faire la croisade, c'est là une question

1. Pastor, *op. cit.*, loc. cit., p. 192 et 195.

qui est encore vivement controversée de nos jours [1] ; toutefois, il ne pouvait raisonnablement songer à se lancer dans une entreprise aussi considérable avant d'avoir rétabli l'ordre autour de lui, et comme dès son avènement, il s'attela à cette besogne avec une énergie supérieure à tous éloges, on ne saurait loyalement douter de sa sincérité. Pastor voit, avec raison, une preuve de l'intérêt réel que le Pape portait à cette œuvre, dans le fait que : « les expéditions d'outre-mer ordonnées par le roi de Portugal, Emmanuel, étant, à l'époque, considérées comme des croisades, Jules II leur prodigua ses encouragements [2]. »

Jean de Saldanha, qui remplissait depuis peu les fonctions d'ambassadeur de Portugal à Rome, écrivit à son maître, le 21 octobre 1504, pour l'informer qu'il avait été reçu en audience par le Pape et l'avait trouvé on ne peut mieux disposé envers Sa Majesté. Il ajoutait, entre autres choses, qu'il considérait opportun l'envoi d'une ambassade d'obédience le plus tôt possible, le moment étant particulièrement favorable, par suite de l'état des choses aux Indes et en Guinée [3].

1. Pastor, *op. cit.*, loc. cit., p. 251, note 1.
2. *Ibid.*, p. 411.
3. *Corpo Diplomatico Portuguez*, loc. cit., p. 43. *Quadro elementar*, etc., loc. cit., p. 139.

Une antique coutume, dont certains auteurs font remonter l'origine à la fin de la fameuse querelle des Investitures, voulait qu'à l'avènement de chaque nouveau pontife, les souverains et les républiques catholiques envoyassent à Rome une ambassade extraordinaire pour le reconnaître comme Vicaire de Jésus-Christ et successeur de saint Pierre. Ces missions connues dans l'histoire sous le nom *d'ambassades d'obédience* [1], étaient reçues par le pape avec une grande pompe en plein consistoire et fournissaient aux chefs d'États qui les envoyaient l'occasion de déployer un luxe et une splendeur correspondant à leur puissance et à leur richesse : quelques-unes de ces ambassades sont demeurées légendaires dans les fastes de la diplomatie [2].

C'est pour se conformer à cet usage, sur lequel son représentant près le Saint-Siège avait attiré son attention, comme nous venons de le voir, que Dom Emmanuel envoya à Rome une ambassade *pro obedientia prestanda*, ainsi que l'ambassadeur de Venise écrivait à

---

1. Mgr A. Giobbio. *Lezioni di Diplomazia Ecclesiastica*. Roma, 1899, t. I, p. 344.

2. La plus célèbre entre toutes est, sans contredit, celle que Dom Emmanuel envoya à Rome, à l'occasion de l'avènement de Léon X, en 1514; il en sera question au chapitre suivant.

son gouvernement, en lui annonçant l'arrivée des envoyés portugais dans la Ville Éternelle [1].

Cette mission solennelle qui fit son entrée publique à Rome le 1er juin 1505, avait à sa tête l'évêque de Porto, Diogo de Sousa et le Dr Diogo Pacheco, jurisconsulte émérite, auxquels furent adjoints, avec le même caractère d'envoyé extraordinaire, l'ambassadeur ordinaire, Jean de Saldanha, chevalier de l'ordre de Saint-Jacques de l'Épée [2].

Le 4 juin, le Pape entouré de vingt-six cardinaux [3], reçut l'obédience des ambassadeurs portugais, dans la salle royale du Vatican en consistoire public, avec une solennité plus grande que de coutume [4], le Dr Diogo Pacheco, qui était doué d'un talent oratoire peu commun [5], prononça une superbe harangue, au cours de laquelle il rappela les découvertes récentes faites par les navigateurs portugais, et remit au Saint Père une croix d'argent que Dom Emmanuel l'avait

---

1. *Diarii di Marino Sanuto*. Venezia, 1881, t. VI, p. 168.

2. *Johannis Burchardi Diarium*, etc., *op. cit.*, loc. cit., p. 391, Archives du Vatican. PARIS DE GRASSIS. *Diariorum*, t. V, f. 312.

V. mon article dans la *Revue d'Histoire diplomatique*, Paris, 1903, 1re livraison. *Une Ambassade portugaise à Rome sous Jules II.* Il a été fait de cette monographie un tirage à part. Paris, Plon, 1903.

3. *Johannis Burchardi Diarium*, etc., loc. cit.

4. Archives du Vatican. PARIS DE GRASSIS. *Diariorum*, loc. cit.

5. HIERONYMI OSORII. *De Rebus gestis Emmanuelis Regis Lusitaniæ.* etc. Coloniæ, 1574, lib. IV, p. 121.

chargé de lui offrir de sa part. Le Pape répondit à ce discours par une allocution pleine d'à propos, après quoi les personnes de la suite des ambassadeurs furent admises à baiser le pied de Sa Sainteté [1].

L'envoi de cette ambassade solennelle, qui était bien faite pour flatter l'amour-propre de Jules II, fournissait au roi de Portugal, ainsi que Jean de Saldanha l'avait compris tout d'abord, une excellente occasion pour demander au Pontife la concession des multiples faveurs, tant spirituelles que temporelles, que rendaient désirables les guerres d'Afrique et les expéditions maritimes dans lesquelles les Portugais se trouvaient engagés. Damião de Goes, le célèbre chroniqueur du règne de Dom Emmanuel, nous dit que les ambassadeurs devaient solliciter la confirmation de l'Ordre du Christ, la concession de la « croisade » et un indult pour concourir aux dépenses occasionnées par la guerre contre les Maures [2].

Aucune relation des ambassadeurs n'étant parvenue jusqu'à nous, nous ne savons rien des négociations auxquelles donna lieu l'obtention de ces grâces, si ce n'est qu'elles furent couronnées du plus ample succès, ainsi qu'en témoignent les bulles et les brefs que

---

1. Archives du Vatican. Paris de Grassis. *Diariorum*, loc. cit.

2. Damião de Goes. *Chronica do serenissimo senhor Rei Dom Manoel*. Lisboa, 1749, 1ʳᵉ partie, c. 93, p. 124.

les heureux diplomates rapportèrent à leur Souverain [1].

Par la bulle *Sedis Apostolicæ* en date du 4 juillet, le Pape accédant à la prière de Dom Emmanuel, consentait à mitiger la sévérité des dispositions antérieures du Saint-Siège relativement à la faculté de trafiquer avec les infidèles, en général, et les Maures en particulier ; en outre, il levait les censures que le roi Dom Jean II, son prédécesseur, lui-même et d'aucuns d'entre leurs sujets pourraient avoir encourues par suite d'infractions aux dispositions susdites [2].

Sans entrer dans l'analyse détaillée de ce curieux document, — très intéressant au point de vue des relations commerciales du Portugal avec les régions récemment découvertes, — qu'il me suffise d'observer

---

1. Parmi ces documents, je citerai : les brefs *Sicut Majestas tua*, 22 juin 1505, *Devotionis tuæ*, 25 juin, d'un intérêt secondaire et la bulle *Quoniam per litterarum studia* du 4 juillet, relative à l'Université de Lisbonne. V. *Corpo Diplomatico Portuguez*, loc. cit., p. 53 et suiv. Il existe également dans les Archives du Vatican, Arm. 39, t. 22, Brevia Julii II, un bref inédit *Calamitosas personas* recommandant à la bienveillance de Dom Emmanuel, Michel Paléologue, duc de Constantinople, victime lui et sa famille de la fureur des Turcs. Ce bref est daté du 14 juin, un autre semblable en date du 3 juin fut envoyé au roi d'Angleterre.

2. Archives de Torre do Tombo, maço 31 de Bullas, nº 12. *Corpo Diplomatico Portuguez*, loc. cit., p. 59. *Quadro elementar*, etc., loc. cit., p. 145.

que les concessions qui en résultaient mettaient un terme à la situation essentiellement fausse dans laquelle se trouvaient les négociants chrétiens à cette époque : en effet, les restrictions imposées par le Saint-Siège au commerce avec les « infidèles » étaient telles que les navigateurs portugais se trouvaient dans la dure alternative de devoir renoncer à peu près à toute rémunération matérielle de leurs efforts, ou de s'exposer à des censures ecclésiastiques allant même jusqu'à l'excommunication.

Plus importante encore était la bulle « *Militans Ecclesia* », datée du 14 du même mois, qui résolvait à l'entière satisfaction du roi de Portugal, administrateur perpétuel de l'Ordre du Christ, diverses graves questions relatives à cet Ordre et pendantes depuis tantôt un demi-siècle [1]. On ne peut apprécier à sa juste valeur la portée de cet acte que si l'on a une notion bien claire du glorieux passé de l'Ordre du Christ, — dont le nom est indissolublement associé à toutes les grandes entreprises portugaises, depuis l'expulsion des Maures du territoire national, à laquelle ses membres avaient pris une part considérable, — et si l'on se rend nettement compte des services énormes

---

1. Archives de Torre do Tombo, maço 1 de Bullas, n° 1. *Corpo Diplomatico Portuguez*, loc. cit., p. 75. *Quadro elementar*, etc., loc. cit., p. 147.

qu'il rendait encore journellement à la Religion et au pays en participant de la façon la plus active, à toutes les expéditions tant maritimes que guerrières.

C'est également du 12 juillet qu'est datée la bulle *Orthodoxæ fidei* par laquelle le Souverain Pontife accordait le privilège de la croisade à Dom Emmanuel pour une période de deux années, et exhortait les chrétiens en général, et les sujets du roi de Portugal, en particulier, à le seconder dans la campagne qu'il préparait contre les infidèles en Afrique, promettant toutes sortes d'Indulgences à ceux qui répondraient à son appel [1].

Cette bulle, où sont hautement vantés les singuliers mérites acquis par les Portugais et leurs Souverains envers la Chrétienté tout entière, constitue un monument impérissable érigé par les puissantes mains de Jules II à la gloire de la nation lusitane.

Les ambassadeurs d'*obédience* avaient, on le voit, pleinement réussi dans leur mission, obtenant toutes les grâces qu'ils avaient été chargés par leur maître de solliciter de la munificence pontificale. En outre, ils avaient su, par leur tact et leur délicatesse extrêmes, se faire bien voir du rude Pontife ainsi qu'il résulte du

---

1. Archives de Torre do Tombo, maço 30 de Bullas, n° 27. *Corpo Diplomatico Portuguez*, loc. cit., p.61. *Quadro elementar*, etc., loc. cit., p. 146.

bref on ne peut plus élogieux à leur égard que celui-ci adressa à Dom Emmanuel [1]. Enfin, accédant au désir que lui en avait témoigné le Roi, Jules II éleva le premier d'entre eux, Diogo de Sousa, évêque de Porto, au siège archiépiscopal de Braga [2].

Ces faveurs que Jules II concédait à Dom Emmanuel correspondaient effectivement aux nécessités du moment. Les Maures se montraient toujours remuants et hostiles envers les Portugais dont ils menaçaient sans cesse les places fortes.

En cette année 1505, le Roi se vit obligé d'envoyer de considérables renforts de troupes en Afrique afin de permettre à Diogo d'Azambuja de réprimer sévèrement les désordres qui avaient éclaté dans les environs de la place de Safi et d'infliger aux Maures une leçon exemplaire.

C'est également en cette même année que fut édifiée, tout près de la ville de Mogador, la forteresse de Castello Real, dans le but de tenir en respect la population musulmane et d'affirmer la domination portugaise sur cette région [3].

Vers le milieu du mois de février 1506, un person-

1. Bref *Oratores quos* 16 juillet 1505. Archives du Vatican, Arm. 39, t. 22, f. 340, v°. *Brevia Julii II. V. Une ambassade portugaise à Rome sous Jules II*, p. 21.

2. Damião de Goes, *op. cit.*, loc. cit., p. 124.

3. Pinheiro Chagas, *op. cit.*, loc. cit., p. 508.

nage portugais du nom de Duarte Galvão qui, à ce que je sache, n'était revêtu d'aucune charge officielle, arriva à Rome et remit au Pape une lettre du roi Emmanuel [1]. Bien que ce document ne soit point parvenu jusqu'à nous, il est aisé d'en induire la teneur d'après la réponse que Jules II y fit dans son Bref *Per dilectum filium* en date du 27 février. Le Pape, en effet, lui annonçait qu'il avait reçu, par l'entremise du susdit Duarte Galvão, la lettre qu'il lui avait écrite au sujet de la guerre contre le Turc; il l'informait qu'il avait déjà expédié des lettres et des messagers à quelques princes chrétiens pour les engager à s'intéresser à cette sainte entreprise et terminait en disant que, afin d'atteindre plus promptement un résultat aussi désirable, il avait décidé d'envoyer prochainement des cardinaux légats aux princes chrétiens [2].

Un homme doué d'un esprit et d'un tempérament aussi supérieurs que l'était Jules II, ne pouvait

1. Dans une lettre adressée, le 25 mars, par João da Guarda à Dom Emmanuel, il est dit que Duarte Galvão est arrivé à Rome il y a un mois à peine, qu'il a été bien reçu par le Pape et qu'il jouit d'un grand crédit à la cour pontificale ; enfin, que Sa Sainteté a décidé d'envoyer à Sa Majesté la Rose d'Or qui lui sera apportée par Alvaro da Costa. *Corpo Diplomatico Portuguez,* loc. cit., p. 95 et *Quadro elementar*, etc., loc. cit., p. 151.

2. Archives de Torre do Tombo, maço 36 de Bullas, n° 25. *Corpo Diplomatico Portuguez,* loc. cit., p. 93. *Quadro elementar* etc., loc. cit., p. 151.

demeurer insensible aux mérites singuliers qu'avait acquis envers l'Église le roi Dom Emmanuel par son zèle extraordinaire en faveur de la Religion qui se manifestait sans cesse et d'une manière aussi éclatante, tant dans ses entreprises maritimes que dans ses expéditions guerrières contre les infidèles.

Lorsque des services reçus atteignent certaines proportions, il n'est plus guère possible de trouver de récompenses qui y correspondent d'une façon équivalente ; aussi le Pape dût-il être quelque peu embarrassé pour donner un témoignage suffisant de son estime et de sa gratitude à celui qui, par ses propres mérites et ceux de ses sujets avait pu ajouter successivement à ses titres de roi de Portugal et des Algarves, ceux de « Seigneur de Guinée, de la conquête, navigation et commerce de l'Éthiopie, de l'Arabie, de la Perse et de l'Inde » !

Néanmoins, Jules II résolut de lui envoyer le traditionnel présent de la Rose d'Or dont la valeur, selon l'expression consacrée, réside moins dans son prix matériel que dans les symboles mystiques qu'elle représente.

**

Paris de Grassis, le célèbre collègue et rival de Burchard, auquel nous devons tant de précieuses informations sur la vie intime des Palais apostoliques à la fin de xv⁰ et au début du xvi⁰ siècle, nous apprend que le dimanche 22 mars 1506, Jules II qui, pendant tout le carême n'avait pu assister à aucune fonction à cause de la goutte dont il souffrait cruellement, se rendit dans la salle dite des *Paramenti* pour procéder, selon l'usage, à la bénédiction de la Rose d'Or [1].

Le minutieux prélat chroniqueur nous raconte jusque dans ses moindres détails la cérémonie de la bénédiction qui fut suivie d'une messe dite dans la chapelle papale par le cardinal Adrien du titre de

---

1. Nous connaissons le prix que coûta cette Rose au trésor pontifical, grâce à l'exactitude avec laquelle étaient tenus les comptes de la Chambre apostolique dont les registres nous sont heureusement en grande partie demeurés.

Archives du Vatican. *Introitus et Exitus Cam. Apost.*, t. 539, f. 181 v⁰ : « Dicta die (xxvii februarii MDVI) solvit ducatos ducentos viginti quinque auri de Camera de mandato sub die xii presentis Dominico de Sutrio Aurifici pro Rosa Sanctis simi Domini Nostri presentis anni numeratos eidem usque in xxv diem presentis. » Flor. cccxii, bol. 36.

Je suis redevable à la profonde érudition et à l'infatigable obligeance du regretté maître M. Eugène Müntz, des renseignements suivants sur ce Domenico de Sutrio, joaillier de Jules II : Cet artiste fit son apparition en 1493 à la cour pontificale ; il y exécuta les Roses de 1506 à 1512 et aussi toute une série d'Épées d'honneur, 1504, 1507, 1513, etc. Comme orfèvre pontifical il recevait quatre ducats par mois. Sa faveur semble avoir pris fin à l'avènement de Léon X. Bertolotti qui l'a mentionné dans ses *Artisti Lombardi* (t. II, p. 312) le donne comme fils d'un certain Michele (Dominicus di Michele da Sutrio).

Saint-Chrysogone. A l'issue de cette messe, le Pape réunit les membres du Sacré Collège dans la salle des *Paramenti* pour prendre leur avis au sujet de la donation de la Rose et décida, d'accord avec eux, qu'elle serait envoyée au roi de Portugal.

« ..... Mais, comme à ce moment-là, — dit Paris de Grassis, — il n'y avait à Rome aucun ambassadeur de ce monarque qui pût recevoir la Rose à sa place, et que, d'autre part, il n'était pas convenable que le cardinal de Portugal[1] la reçût en son nom, ce cardinal désigna lui-même au Pape un serviteur du Roi qui était aussi son agent pour certaines affaires; celui-ci ayant été appelé à se présenter devant le Saint-Père, s'avança et s'agenouilla au milieu des cardinaux; le Pontife ne lut aucune formule dans le livre.

---

1. *Georges da Costa*. Cet éminent personnage, qui joua toute sa vie durant un rôle considérable dans les affaires de son pays, passa la première partie de sa longue existence, — il vécut jusqu'à l'âge de cent deux ans! — au Portugal où ses rares mérites et la faveur des monarques qui se succédèrent sur le trône, l'appelèrent aux plus hautes situations ; la seconde partie de sa vie s'écoula dans la Ville Éternelle au milieu des honneurs et des richesses que lui valaient le rang de cardinal auquel Sixte IV l'avait élevé en 1476 et la grande influence dont il jouissait sur son Souverain.

Il mourut à Rome le 19 septembre 1508 et fut enseveli dans le mausolée qu'il s'était préparé de son vivant en l'église de Santa Maria del Popolo. Sa biographie, écrite selon la méthode critique moderne, constituerait un précieux appoint à l'histoire politico-religieuse du Portugal au xve siècle.

mais ayant simplement reçu la Rose, sans aucun voile, des mains du cardinal diacre, la donna au susdit serviteur du Roi en prononçant les paroles suivantes : « Reçois cette Rose qu'en Notre nom et en celui de ces révérendissimes cardinaux, tu remettras à Notre très cher fils en Jésus-Christ le roi de Portugal comme à un ami excellent et très dévoué du Saint-Siège et de Nous-même. »

Le serviteur du Roi ayant baisé les pieds du Pape, sans rien dire, se retira portant la Rose d'une façon très simple devant les cardinaux ; il était précédé des massiers du cardinal de Portugal seulement et d'aucun autre massier ni des curseurs et il ne fut accompagné par aucun familier mais, au contraire, accompagna lui-même le susdit cardinal[1].

1. *Johannis Burchardi Diarium*, etc., *op. cit.*, loc. cit., p. 491. Archives des Maîtres des Cérémonies pontificales, t. 365, f. 214. — « Dominica 4ª quadragesimæ 22 martii. Cardinalis Adrianus. celebravit missam solemnem in capella maiore, Papa præsente, qui benedixit prius rosam in camera papagalli, quam detulit ad capellam, et finita missa reportavit eam ad dictam cameram, ubi dedit eam Illmo..... nuncio Regis Portugalliæ ad cardinalem Ulixbonensem per dictum Regem missum, qui portavit eam manu sua equitando ante cardinalem ad domum eiusdem. Sermonem fecit procurator carmelitarum ; alia more solito. »

Archives du Vatican. Paris de Grassis, *Diariorum*, t. V, f. 439. Archives des Maîtres des Cérémonies pontificales, t. 369, f. 105. — Missa in Dominica de Rosa Papa præsente, et ipsius Rosæ donatio, « In hac die Rosæ, Papa qui hactenus podagris impeditus per totam Quadragesimam non venerat, venit, et Rosam Regi Portugalliæ licet absenti donavit.

Ce « serviteur » du Roi dont le cérémoniaire de
Jules II a omis de nous transmettre le nom, ne pouvait
être que Duarte Galvão, dont il a déjà été fait mention

Et sic in camera paramenti inter lectum et caminum fuit parva
mensa cum mappa sine ulla cruce, sed cum ipsa Rosa in medio super
suo pede.

In latere versus ad caminum erant thuribulum et navicula, et
aspersorium ; versus ad lectum vero erant pixis cum musco, et calix
cum basalmo, ac liber Orationum pro benedictione.

Item antequam Papa advenisset, diximus ministraturis ut in tempore, et in ordine adessent; videlicet Cardinali Præsbytero pro
incenso ponendo, post muscum impositum. Item duobus Prælatis
Assistentibus, videlicet uni cum libro, et alteri cum candela in
angulo mensæ, versus ad caminum. Item quattuor Accolytis,
videlicet duobus cum thuribulo et navicula, et aliis totidem cum
musco et balsamo. Item uni Clerico Cameræ, ut Rosam advoluto
ad pedes Rosæ velo parvo serico substineret, cum Papa illam benediceret, et liniret balsamo et musco. Itaque his præparatis, cum
Papa veniret accendi candelabra, et omnibus dedi sua ministeria et
loca.

Interim Papa vestitus pluviali et mitra preciosis, recepit duos Cardinales Diaconos ad reverentiam. Deinde cum mitra approximatus
mensæ, et stans in medio eius deposuit mitram vertens continue
faciem ad caminum, et in eo statu, ex libro, quem Assistens Prælatus
unus, et alius candelam ibidem, ut dixi, tenebant, legit orationem
et benedixit ut in libro. Interim Rosa super mensa existente et Accolytis prædicta tenentibus, genuflexis. Finita oratione et remoto libro
Clericus prædictus genuflexus proprius ad pedes Papæ, et ibidem
Rosam capiens ex mensa, et tenens illam volvebat in girum ministrans
rosulas Papæ ponenti cum parvo suo cocleariculo balsamum super
unaquaque rosula, cuius balsami vas Accolytus etiam approximatus
ministrabat.

Quod ego sum miratus, cur non potius Cardinalis Diaconus, illud
non ministraret quam Præsbyter Cardinalis, qui ministrat incensum
et aquam. Sed hæc minutiora remitto, cum hiis graviora pleneque
neglecta sint ut quotidie videmus.

plus haut, ou un certain Alvaro da Costa qui se trouvait également à Rome depuis quelque temps et s'y occu-

Posito balsamo accessit alius Accolytus habens muscum pulverizatum, de quo Papa cum duobus digitis accepit, et simpliciter posuit super eisdem rosulis. Quo facto Cardinalis Presbyter hinc et Accolytus inde cum thuribulo et navicula accedentibus, Papa more solito posuit incensum.

Deinde eodem Cardinali ministrante aspersorium, Papa aspersit, et denique incensavit. Et ultimo manum super rosa levans produxit, nihil dicens, super ea signum Crucis.

Ultimo Papa mitram accipiente, Ego alte clamavi ut omnes exirent. Tum Papæ sedenti in gestatoria sede Diaconus a dextris acceptam de manu Clerici Rosam cum velo posuit in sinistra manu, memorans ei ut illam sic cum sinistra cum pede Rosæ super suo sinistro genu, bene firmaret, et cum dextra populum benediceret.

Erat autem circa pedem Rosæ parvum velum sericum pulcrum ; et qui illam Rosam ab initio tetigerunt, et ipsemet Papa, semper cum velo illo acceperunt.

Pervento Papa ad cappellam, prædictus Diaconus accepit Rosam de manu Papæ adhuc de Sede non levato et eam dedit eidem Clerico, qui ad altare eam portavit, ubi R. P. D. Sacrista, et Ego eam super altari composuimus.

Missam cantavit Rmus D. Cardinalis Adrianus tituli S^{cti} Grisogoni, prout in ordinario. Qua finita Cardinalis idem Papæ sedenti dedit Rosam, ut prius, quàm sic retulit et attulerat, et sic etiam in Camera restituit, illico.nobis mandans, ut diceremus Cardinalibus omnibus ne discederent.

Sicque postquam de toto fuit paramentis exutus, et capuccinum receperit, vocans ad se Càrdinales consultavit super ipsius Rosæ donatione, quam conclusit præfato Regi Portugalliæ donare.

Et cum nullus Orator ipsius Regis in Urbe esset, qui pro Rege acciperet, nec honestum esset, ut Cardinalis Portugalensis Rosam nomine Regis acciperet, ipse Cardinalis quendam Regis servitorem et pro Rege aliqualia agentem nominavit Papæ ; et sic eo vocato ad Papam, genuflexo in medio Cardinalium, Papa non legit ex libro aliquid, sed simpliciter acceptam de manu Cardinalis Diaconi Rosam, sine illo velo, dedit eidem servitori dicens videlicet : Accipe hanc

pait très activement des affaires de son maître [1]. Or,
il ne semble pas douteux que c'est de ce dernier dont
il s'agisse car, non seulement est-ce lui qui fut effectivement chargé de porter la Rose au roi de Portugal
ainsi qu'il apparaît dans le bref de donation de ce
présent insigne [2], mais encore toute incertitude que
pourrait faire naître à cet égard la date tardive où fut

Rosam, quam nostro nomine, et horum Rev^{rum} Dominorum Cardinalium dabis Charissimo in Christo filio nostro Regi Portugaliae, tanquam nostro et huius Sanctae Sedis amico optimo et benemerenti.

Et ille nihil dicens, sed osculato tantum pede abiit, et eam Rosam
simplicissime portavit ante Cardinalem præcedens, habens ante se
macerios Cardinalis prædicti Portugalensis solos, et non alios macerios, neque cursores; neque fuit ipse a familiis aliquibus associatus;
sed immo ipsemet associavit Cardinalem ut supra.

Domine Deus, et bone Jesu, in cuius honore hæc Ceremoniæ
peraguntur dirige eas, inducens in saniorem agentium animos, ut
non potius errores et ridiculamenta, et vanitatum diversitates exe-
quantur, quam ceremonias. Vides enim quanta diversitas huius anni
ab anno præterito circa dationem Rosæ perpetrata est; de quibus
excuso me, quoniam ut novitius adhuc sub præceptore subsisto.

Interrogavi itaque post officium hoc finitum, cur sic ab anno præterito variaverit, et dixit quia sic anno præterito voluit Papa. Sed
nunc et deinceps mandavit, ut sic fiant prout fieri debet idest prout
hodie in hoc anno fecimus.

1. V. la lettre déjà citée de João da Guarda au roi Dom Emmanuel. *Corpo Diplomatico Portuguez*, loc. cit., p. 95. *Quadro elementar*, etc., loc. cit., p. 151.

2. Bref *Vetus consuetudo*, 18 juin 1506. Archives du Vatican,
Arm., 39, t. 29, f. 157 v°. Archives de Torre do Tombo, maço 36
de Bullas, n° 28. *Corpo Diplomatico Portuguez*, loc. cit., p. 98.
Quadro elementar, etc., loc. cit., p. 153. *Bullarium Patronatus Portugalliæ*, loc. cit., p. 74. Raynald. *Annal. Eccles.* ad. an. 1506, t. XI,
f. 480. C. Cartari, *op. cit.*, p. 94. V. Appendice n° I.

expédié ce bref (18 juin) est dissipée par le fait que, dès le 25 mars, c'est-à-dire quatre jours seulement après la cérémonie de la bénédiction et de la remise de la Rose, João da Guarda, écrivant au Roi, l'informait que celle-ci lui serait apportée par Alvaro da Costa [1]. Cet Alvaro da Costa était chambellan (camerarium) du roi de Portugal [2], et avait été envoyé à Rome, ainsi que nous l'apprend Burchard, pour traiter certaines affaires avec le cardinal Georges da Costa [3] dont, au reste, il pouvait bien être parent si l'on s'en rapporte à la similitude des noms [4].

A première vue, il pourrait sembler étrange que Jules II ait tardé trois mois à faire rédiger le bref de donation de la Rose qu'il avait bénite à l'intention de Dom Emmanuel et qu'il avait remise à son chambellan dès le mois de mars ; mais, outre que cette circonstance

1. V. la lettre plus haut citée de João da Guarda.

2. V. le bref, *Vetus consuetudo*, Appendice n° I.

3. *Johannis Buchardi Diarium*, etc., *op. cit.*, *loc. cit.*, p. 419, « dedit eam [Rosam] Illmo..., Nuncio Regis Portugalliæ ad cardinalem Ulixbonensem per dictum Regem missum...... »

4. Sans pouvoir l'affirmer d'une façon absolue, je suis disposé à croire que cet Alvaro da Costa doit être le même qui, en 1518, fut envoyé à Saragosse par Dom Emmanuel, en qualité d'ambassadeur extraordinaire pour négocier le troisième mariage de son maître avec D. Leonor, sœur de Don Carlos. Ce personnage qui était précisément revêtu de la charge de *Camarciro* et d'autres dignités encore, avait toute la confiance du Roi. V. *Historia genealogica da Casa Real*, Lisboa, 1737, t. III, p. 236.

n'a en soi qu'une importance fort relative, elle peut s'expliquer facilement par le fait qu'Alvaro da Costa n'ayant pu quitter Rome pour une raison ou pour une autre avant la fin de juin, le Pape ait voulu que son bref parvînt au Roi portant une date encore fraîche.

Dans ce bref, le Pape vante les vertus de Dom Emmanuel et rappelle les grands services rendus par lui à la cause de la Religion. Il s'étend sur les significations mystiques attachées à la Rose d'Or dont le parfum, espère-t-il, pénétrera son âme et l'excitera toujours davantage à poursuivre l'œuvre de défense et de propagation de la Foi catholique à laquelle il s'est si noblement voué[1].

Ce document, d'une banalité rare quant au fond, ne fait guère honneur au talent du secrétaire de Jules II à qui la rédaction en fut confiée; et, cependant, quel sujet plus vaste et plus admirable fut jamais proposé à la plume d'un secrétaire pontifical, que celui des mérites extraordinaires de Dom Emmanuel et des hauts faits touchant au merveilleux par lesquels les guerriers et les navigateurs portugais s'étaient illustrés et dont ce bref devait être, en quelque sorte, la reconnaissance officielle de la part du Pontife.

1. V. le bref plus haut cité, Appendice n° I.

Qui croirait, en lisant cette pièce froide et sans élévation, qu'on était, au moment où elle fut rédigée, en pleine époque de renaissance littéraire, alors que les humanistes « remplissaient les cours, les académies et les chancelleries de la Péninsule..... et que c'était parmi eux que la curie romaine recrutait les plumes cicéroniennes jugées indispensables pour la bonne confection des brefs et des bulles » ! [1]

Peut-être faut-il attribuer cette négligence dans des actes qui avaient, cependant, une importance évidente, aux graves préoccupations qui, à la cour pontificale, hantaient et paralysaient tous les esprits.

C'est que la situation du Saint-Siège était vraiment, en cette année, on ne peut plus inquiétante : à Rome, bien que les factions se fussent un peu calmées depuis l'éloignement définitif de César Borgia, la tranquillité était encore loin d'être complète et le ferment de révolte qui s'y maintenait toujours à l'état latent, pouvait d'un moment à l'autre se transformer en une révolution ouverte ; les États de l'Église n'existaient guère plus que de nom : Venise, profitant des circonstances qui empêchaient la Papauté de défendre ses biens, avait envahi les Romagnes et annexé les principales places fortes sans autre forme de procès ; à

---

1. Julian Klaczko. *Jules II*, Paris, 1898, p. 3.

Pérouse, les Baglioni avaient établi leur domination absolue, au mépris des droits du Saint-Siège, et à Bologne, les Bentivogli en avaient fait autant. Enfin, les armées du roi de France et du roi d'Espagne se trouvaient l'une au nord, l'autre au sud de l'Italie et, vu les dispositions de ces deux monarques envers le Saint-Siège, la présence de leurs armées dans la Péninsule n'était guère rassurante.

Outre ces nombreux motifs de préoccupation, l'entourage de Jules II en trouvait encore un autre non moindre dans le caractère résolu et fougueux du Pontife lui-même qui, en de telles circonstances, n'était pas homme à se croiser les bras et à attendre impassiblement les événements. Et de fait, bien que le Pape ne s'en fût encore ouvert à personne, le bruit commença à se répandre qu'il nourrissait en secret de grands projets de guerre et ne tarda pas à prendre une si grande consistance qu'il arriva même jusqu'à Venise, mais là on n'y ajouta pas beaucoup d'importance à cause de la situation difficile dans laquelle le Pape se trouvait et qui, à première vue, devait écarter de son esprit toute pensée d'entreprises guerrières (mars 1506) [1].

Il est assez naturel que cet ensemble de circon-

---

1. Pastor, *op. cit.*, loc. cit., p. 241. Cette date qui est précisément celle de la donation de la Rose d'Or est intéressante à noter.

stances, qui n'était guère fait pour plaire à la gent ecclésiastique et lettrée dont se composait la chancellerie pontificale, ait quelque peu influé sur les facultés littéraires des secrétaires de Jules II ; en tout cas, je ne trouve pas de meilleure explication pour disculper ceux-ci d'une négligence qui, autrement, eût été impardonnable.

*
* *

Les vagues rumeurs relatives aux projets guerriers de Jules II, qui avaient trouvé au printemps si peu de crédit à Venise, étaient, cependant, bien loin d'être vaines. Le Pape ambitionnait de rendre à l'Église les États qui lui avaient été usurpés et, ne pouvant songer à entamer à lui seul la lutte contre la Sérénissime, avait résolu de commencer son entreprise, par une expédition destinée à récupérer Pérouse et Bologne en mettant à la raison ses rebelles vassaux.

Le 26 août, Jules II quitta Rome à la tête de son armée, partant pour la « croisade », — c'est ainsi qu'il se plaisait à appeler lui-même cette expédition[1], — qui devait s'achever, on le sait, par un triomphe aussi rapide que complet[2].

Le succès éclatant que remportèrent les armes pontificales réhabilita singulièrement le prestige de la

1. Klaszko, *op. cit.*, p. 58.
2. Pastor, *op. cit.*, loc. cit., p. 246.

Papauté, si gravement compromis, et semblait devoir être de bon augure pour l'avenir. Toutefois, ses résultats ne furent pas aussi considérables que l'on aurait pu s'y attendre tout d'abord, et, s'il résolut en faveur du Pape une question que je serais tenté d'appeler d'ordre intérieur, — puisqu'il s'agissait de punir des vassaux révoltés, — il ne changea pas grand'chose à la situation politique générale qui continua à être à peu près aussi mauvaise qu'auparavant.

Bien que la réussite de l'expédition pontificale contre les tyrans de Pérouse et de Bologne ait causé quelque surprise à Venise, la Seigneurie ne s'en émut pas outre mesure, se rendant parfaitement compte de l'impossibilité où le Pape se trouvait d'entreprendre quoi que ce soit contre elle sans le secours d'un puissant allié ; or, dans les conditions actuelles, il n'était guère probable que Jules II parvînt à en trouver un. Aussi, en réponse aux réclamations que le Pape ne se lassait pas de faire à l'ambassadeur vénitien, celui-ci répondait toujours avec un imperturbable sang-froid que la Sérénissime n'était pas disposée à restituer à l'Église un seul pouce des territoires dont elle s'était emparée.

De fait, les Vénitiens n'avaient pas tout à fait tort en pensant que ni le roi d'Espagne, ni celui de France ne seraient enclins à prêter main-forte au Pape pour aider celui-ci à rentrer en possession des provinces perdues. Ferdinand, tout catholique qu'il s'appelait, ne se donnait aucune peine pour dissimuler les sentiments hostiles qu'il nourrissait contre Jules II, quant à Louis XII il avait donné la mesure des siens en accueillant avec bienveillance et en prenant sous sa protection les Bentivogli dont le Pape réclamait en vain l'extradition. De son côté l'Empereur, sans se montrer ouvertement contraire au Pontife, témoignait au moins à son égard d'une indifférence qui n'avait rien d'encourageant. Mais en politique, il faut s'attendre à tout : Maximilien avait des comptes à régler avec la Seigneurie et lui, qui à coup sûr n'eût pas remué le petit doigt pour aider le Pape à réaliser ses légitimes aspirations, accepta avec empressement la proposition d'alliance contre Venise que le légat Carvajal lui fit au nom du Pontife (août 1507).

La guerre déclarée par l'Empereur à la République de Saint-Marc fut l'étincelle qui alluma le grand incendie dont les lueurs sinistres éclairèrent l'Italie pendant tout le reste du pontificat de Jules II.

A partir de ce moment, la Péninsule est transformée en un immense champ de bataille où les armées impériales, pontificales, françaises, espagnoles, vénitiennes, suisses et celles de la plupart des États italiens, se rencontrent sans cesse en de sanglants combats. Le sort des armes varie continuellement amenant avec lui des combinaisons toujours nouvelles dans le groupement politique des Puissances en sorte que les alliés de la veille deviendront les adversaires du lendemain. C'est l'âge d'or des hommes de guerre et des diplomates.

La confusion est indescriptible, et comme la Papauté est, en quelque sorte, l'axe autour duquel gravitent les intérêts des parties engagées dans cette lutte épique, au choc des armes temporelles, vient se joindre celui des armes spirituelles. Le Pape a recours aux foudres de l'excommunication pour se défendre contre les ennemis de l'Eglise, et ceux-ci n'hésitent pas, de leur côté, à faire appel au concile, une arme, il est vrai, déjà quelque peu émoussée depuis la fin du grand schisme d'Occident.

Pastor, en des pages ruisselantes d'érudition, a magistralement fait revivre cette époque troublée ; avec cette clarté d'esprit et cette largeur de vues qui lui sont propres, il s'élève au-dessus du chaos des incidents militaires et politiques de chaque jour, pour embrasser, d'un regard calme et impartial, l'ensemble des situations dans lesquelles la Papauté se trouve entraînée par la rapide évolution des événements.

La figure de Jules II apparaît colossale, quasi tytanique, au milieu de celles des hommes de son temps qui, semblables en cela à ceux de notre époque, ont surtout péché par le manque presque absolu de caractère. En contemplant ce portrait du Pape de la Rovère, superbement tracé par la plume de Pastor, on ne s'étonne plus de ce que ce géant à la poigne d'acier ait pu tirer la Papauté des difficultés d'apparence inextricable dans lesquelles, à son avènement, il la trouva engagée et qu'il soit sorti victorieux d'une lutte où tous les éléments semblaient déchaînés contre la barque de Pierre.

Alors que les principales nations européennes se trouvaient activement mêlées à ces événements tumultueux, il est digne de remarque que le Portugal y restait systématiquement étranger. Le roi Dom Emmanuel, qui ne perdait pas une occasion de protester de son attachement et de son zèle envers le Siège Apostolique, ignorait-il donc les périls qui le menaçaient de toutes parts ou feignait-il, par égoïsme, de n'en être pas informé ?

Ni l'une ni l'autre de ces deux hypothèses n'est exacte. Nous savons, par ce qui nous reste de la correspondance échangée entre la curie romaine et le roi de Portugal, que celui-ci était parfaitement au courant de tout ce qui se passait et que personne plus que lui ne déplorait sincèrement ce douloureux état de choses. Pénétré, comme il l'était, de la nécessité pressante d'une action collective des princes chrétiens contre le Turc, il les voyait avec désespoir s'entre-déchirer mutuellement en d'interminables guerres, faisant ainsi le jeu de l'ennemi commun.

Absorbé, d'autre part, par ses gigantesques entreprises maritimes et guerrières, il sentait bien que les forces qu'il pourrait en distraire pour aller au secours du Pontife seraient tellement minimes que l'appoint qu'elles lui apporteraient ne correspondrait pas aux difficultés sans nombre où une intervention de sa part dans les affaires européennes l'entraînerait fatalement.

Il faut donc louer sans réserves l'attitude prise par Dom Emmanuel, en cette circonstance, attitude vraiment conforme aux intérêts de son pays et, je dirai même davantage, à ceux de la Chrétienté. Comment pouvait-il, en effet, tout en restant conséquent avec lui-même, se mêler volontairement à ces luttes fratricides entre princes chrétiens qu'il ne se lassait pas de dénoncer hautement comme de véritables crimes de lèse-patrie, car c'était bien de la grande patrie chrétienne dont le péril turc menaçait l'existence.

Jules II, qui était doué d'un génie politique beaucoup trop supérieur pour ne pas comprendre tout cela, ne songea jamais, même dans les moments les plus difficiles, à faire appel au secours militaire du roi de

Portugal et, nonobstant les graves préoccupations que lui causait sa situation critique, ne cessa pas de l'encourager à persévérer dans ses entreprises et à lui en faciliter l'exécution dans la mesure de ses moyens.

Peu de temps après lui avoir envoyé la Rose d'Or, alors qu'il était engagé corps et âme dans les préparatifs pour son expédition projetée contre les Baglioni et les Bentivogli, le Pape, accédant au désir que Dom Emmanuel lui en avait exprimé, renouvelait en sa faveur, par son bref « *Dudum felicis recordationis* [1] », le privilège de la croisade pour la guerre contre les infidèles en Afrique, jadis accordé par Innocent VIII au roi Jean II. En même temps, il lui adressait un autre bref [2], par lequel, en considération des services qu'il rendait à la Religion en la propageant sans cesse dans les Indes, il concédait des grâces spirituelles spéciales à ceux de ses sujets qui allaient s'établir dans ces régions ou y perdaient la vie. Ce document a cela de particulièrement intéressant, qu'il était destiné à encourager la colonisation des conquêtes ultra-marines

1. 6 juillet 1506. Archives de Torre do Tombo, maço 6 de Bullas, n° 8. *Corpo Diplomatico Portuguez*, loc. cit., p. 99. *Quadro elementar*, etc., loc. cit., p. 153.

2. Bref *Romanus Pontifex*, 12 juillet 1506. Archives de Torre do Tombo, maço 10 de Bullas, n° 19. *Corpo Diplomatico Portuguez*, loc. cit., p. 101. *Quadro elementar*, etc., loc. cit., p. 154.

du Portugal. Cette tentative d'action sociale de Jules II mérite d'arrêter l'attention des savants qui s'occupent de cette branche spéciale de l'histoire de l'Église.

Sur ces entrefaites le Pape était parti en guerre. Il fit son entrée triomphale à Pérouse le 13 septembre 1506. Il resta seulement huit jours dans la belle cité ombrienne, pendant lesquels il réorganisa toutes choses, s'occupant « de rechercher les moyens d'assurer aux pauvres habitants de la ville les bienfaits d'une paix durable [1] ». Mais, comme si cette œuvre n'eût pas suffi à l'activité dévorante de cet homme vraiment prodigieux, il ne cessa pas pour cela de vaquer aux intérêts généraux de l'Église, et, entre autres documents qui émanèrent, à ce moment, de la chancellerie pontificale, il en est un par lequel le Pape concédait au roi de Portugal trois dixièmes à percevoir pendant deux ans sur les revenus ecclésiastiques de son royaume pour contribuer aux dépenses de la guerre contre les Maures en Afrique [2].

Par un autre bref, de même date, il informait l'évêque de Ceuta et le « *mestre escola* » du diocèse de

---

1. Pastor, *op. cit.*, loc. cit., p. 251.
2. Bref. *Exponi nobis nuper*, 17 septembre 1506, Archives de Torre do Tombo, maço 36 de Bullas, n° 37. *Corpo Diplomatico Portuguez*, loc. cit., p. 103. *Quadro elementar*, etc., loc. cit., p. 155.

Lisbonne de cette concession, les chargeant de recueillir le montant de cet impôt [1].

Tandis que Jules II accordait ainsi toutes sortes de faveurs tant spirituelles que temporelles aux Portugais afin de leur permettre de continuer la série de leurs multiples entreprises, ceux-ci déployaient toujours la même activité dévorante qui leur avait ouvert de toutes parts des continents nouveaux mais qui tendait, de plus en plus, à se concentrer sur les Indes.

Cette préférence est, du reste, aisément explicable, car, alors que les vastes régions découvertes en Afrique et en Amérique n'offraient guère à ces hardis aventuriers que les richesses naturelles de leur sol encore vierge, de leurs luxuriantes forêts, de leurs fleuves immenses, les Indes, avec leur civilisation plusieurs fois séculaire, étalaient à leurs yeux éblouis les trésors fantastiques accumulés par des centaines de générations laborieuses dans leurs pagodes ruisselantes d'or et de pierreries, dans leurs palais luxueux où tout ce que l'ardente imagination orientale avait su inspirer à l'art le plus subtil se trouvait entassé.

Sans doute, le Congo, le Mozambique, l'Éthiopie et le Brésil étaient féconds en séduisantes promesses :

---

1. Bref *Pium et laudabile propositum*. Archives de Torre do Tombo, maço 6 de Bullas, n° 9. *Corpo Diplomatico Portuguez*, loc. cit., p. 102. *Quadro elementar* etc., loc. cit., p. 154.

on y avait trouvé les métaux les plus rares, les gemmes les plus fines, les bois des essences les plus variées et les plus précieuses, mais tout cela était à l'état brut, tout cela pour servir devait être exploité au pic et à la hache, par un travail sans répit, au prix de la sueur du front.

Aux Indes, au contraire, tout était prêt, tout était bon à prendre. Les métaux étaient tirés des mines, la main habile d'ouvriers sans rivaux, leur avait donné les formes les plus belles ou les plus étranges, les pierres étaient polies, les perles arrachées au sein des ondes inclémentes et merveilleusement serties dans les plus beaux bijoux, les bois aux fibres fines et résistantes, étaient déjà enlevés de la jongle sauvage et façonnés par l'artisan, tandis que les étoffes moëlleuses aux teintes chatoyantes, les parfums les plus suaves, les épices les plus exquises importés des lointaines régions de la Chine savante et du Japon mystérieux, emplissaient les demeures des riches et les boutiques des marchands..... Pour posséder ces trésors, point n'était besoin d'instruments aratoires, point de défrichements hasardeux et longs, point de labeur pénible : le glaive suffisait, ce glaive qui avait conquis le sol de la patrie, ce glaive redoutable devant lequel l'infidèle tremblait, ce glaive glorieux qui avait ajouté tant de nobles fleurons à la couronne royale.

L'épopée indienne commence avec l'expédition de Vasco da Gama, elle continue, ininterrompue, admirable, avec les deux Albuquerque, avec François d'Almeida, avec Tristan da Cunha qui rivalisent d'audace, de talent, d'héroïsme et, aussi, de bonheur.

Chaque année est marquée par quelque nouveau succès, quelque conquête nouvelle, la domination portugaise s'étend depuis le golfe Persique jusqu'à la presqu'île de Malacca ! Le roi Emmanuel tient lui-même le Pontife et le Sacré Collège au courant des hauts faits de ses capitaines, des triomphes de ses armes [1]. Le Pape auquel n'échappent pas les avantages considérables qui résultent de ces conquêtes pour la propagation de la Foi en éprouve une joie immense. Il fait lire en consistoire les lettres du roi de Portugal et lui adresse par bref ses félicitations [2].

Malgré les graves soucis que lui occasionne la situa-

---

1. Bibliothèque du Vatican, *Cod. Regin.* 557, f. 88, *Corpo Diplomatico Portuguez*, loc. cit., p. 116. *Quadro clementar*, etc., loc. cit., p. 159.

La lettre du roi au Sacré Collège porte la même date que celle adressée au Pape (25 septembre 1507), elle ne se trouve pas dans le *Corpo Diplomatico Portuguez*, mais la copie en fut communiquée au Sénat par l'ambassadeur vénitien à Rome. V. *Diarii di Marino Sanuto* t. VII, c. 238.

2. Bref. *Litteræ tuæ serenitatis*, 10 décembre 1507. Archives de Torre do Tombo, maço 36 de Bullas nº 52. *Corpo Diplomatico Portuguez*, loc. cit., p. 119. *Quadro clementar* etc., loc. cit., p. 160.

tion politique en Europe, — l'Empereur et le roi de France sont en guerre en ce moment, — Jules II ne perd pas de vue le projet de croisade contre le Turc ; il informe Dom Emmanuel des démarches qu'il tente d'une part pour rétablir la paix entre les princes chrétiens [1], et de l'autre pour les engager à s'unir contre l'ennemi commun, témoin la lettre qu'il dit avoir adressée tout récemment en ce sens à Henri, roi d'Angleterre [2].

Cependant, les événements politiques en Europe se précipitent d'une façon extraordinaire : les Français, dont les intérêts ont été constamment sacrifiés par leurs alliés les Vénitiens, se décident à rompre ouvertement avec eux, et Louis XII envoie son célèbre conseiller, le cardinal d'Amboise, pour le représenter au conciliabule organisé à Cambrai, vers la fin de novembre 1508, et auquel prennent part les délégués de l'Empereur, des rois d'Angleterre et d'Espagne et Marguerite d'Autriche, fille de Maximilien. Bien que le Pape ne fût pas officiellement représenté à cette assemblée, sa sympathie lui était assurée à l'avance,

---

1. Les tentatives de composition entre l'Empereur et Louis XII, auxquelles Jules II fait allusion dans le bref du 10 décembre furent poursuivies jusqu'au commencement de l'année suivante, ainsi que le prouve le bref (inédit) cité par Pastor (*op. cit.*, p. 275) que le Pape adressa à Maximilien le 12 février 1508.

2. *Ibid.*

du reste, il y donna sa pleine adhésion le 23 mars de l'année suivante. « L'objet avoué de la Ligue, dit Pastor, était la guerre contre les Turcs ; la condition préalable la restitution par Venise de toutes ses conquêtes [1]. »

Le 27 avril 1509, le Pape lança l'excommunication contre Venise [2] et, bientôt après, les armées ennemies entrèrent en campagne ; le 14 mai, les alliés infligèrent, à Agnadel, une déroute sanglante aux Vénitiens qui, complètement désemparés, se virent obligés d'accepter les conditions qu'on voulut bien leur faire. Le Pape, triomphant, rentra en possession de toutes les provinces de ses États que détenait la Sérénissime.

Néanmoins, Jules II ne tarda pas à se rendre compte du fait que sa situation n'était en réalité ni aussi brillante ni aussi sûre qu'elle le paraissait à première vue. En effet, l'indépendance du Saint-Siège se trouvait, désormais, gravement compromise par suite de l'affermissement et de l'extension de l'influence française en Italie, depuis que la seule Puissance qui pouvait y opposer un contre-poids suffisant était vaincue et humiliée. Le Pontife eut vite fait de prendre son

1. *Op. cit.*, loc. cit., p. 277.
2. La Seigneurie appela au concile des censures fulminées par Jules II contre elle. V. à ce sujet les importantes monographies publiées par M. G. dalla Santa dans le *Nuovo Archivio Veneto* en 1899 et en 1900 respectivement : *Le appellazioni della Repubblica di Venezia dalle scomuniche di Sisto IV e Giulio II et Il vero testo dell' appellazione di Venezia dalla scomunica di Giulio II.*

parti : il entama secrètement des négociations avec Venise. La paix fut conclue le 15 février 1510 et, le 24 du même mois, l'absolution des censures encourues par la République était solennellement proclamée à Saint-Pierre.

Louis XII ne se méprit pas sur la signification véritable de ce rapprochement subit entre les ennemis de la veille : l'alliance scellée par le Pape avec les cantons suisses (février et mars 1510), eût, du reste, suffi pour dissiper les doutes qui auraient encore pu subsister dans son esprit.

Le roi de France ouvrit les hostilités, non pas immédiatement, ainsi qu'on aurait pu s'y attendre, par des opérations stratégiques dirigées contre les frontières du Pape ou celles de ses alliés, mais par la convocation d'une sorte de synode national dont le but était évidemment de créer au Saint-Siège des difficultés d'ordre spirituel. En effet, l'assemblée des évêques français à Tours, — dont les délibérations furent empreintes d'une forte saveur schismatique, — n'était qu'une première et timide tentative locale d'un appel au concile contre le Pape que Louis XII rêvait, mais qu'il ne se sentait pas de force à faire à lui tout seul.

Jules II se montra fort irrité de cette attitude du roi de France et, comprenant que, désormais, tout était rompu entre eux, quitta Rome (17 août 1510) pour aller prendre autant que possible lui-même la direction de la campagne devenue imminente.

Les événements furent, dès le début, constamment défavorables au Pontife : les cardinaux du parti français passèrent dans le camp ennemi, la révolution éclata dans Bologne où les Bentivogli, ramenés sous les plis de la bannière fleurdelysée, reprirent triomphalement le pouvoir (22 mai 1511), enfin, Maximilien qui, jusque là, était resté sur l'expectative, se décida soudain à prendre fait et cause pour le roi de France contre le Pape et, d'accord avec lui, convoqua un concile général devant se tenir à Pise au mois de septembre suivant.

De nouveau, la situation du Pape semblait désespérée : non seulement tout l'édifice construit par lui au prix de tant d'efforts et de fatigues s'était-il écroulé à la suite de la perte de Bologne mais, qui pis est, son autorité spirituelle se trouvait elle-même gravement menacée par le fait de la convocation d'un concile général auquel plusieurs cardinaux avaient donné leur entière adhésion.

Mais Jules II, une fois encore, sut se montrer à la hauteur des circonstances : à la convocation du concile schismatique de Pise, il répondit par celle d'un concile orthodoxe à Rome pour le 19 avril de l'année suivante [1]. C'était un coup de maître : en effet, quelque grande que fût l'influence de Louis XII sur le clergé français, quelque prestige que donnât aux prélats rebelles l'appui de l'Empereur, il n'en demeurait pas moins certain, cependant, que l'immense majorité des évêques des différents pays de l'Europe répondraient sans hésiter à l'appel du Pontife, et, par leur présence en masse au palais du Latran, jetteraient l'odieux et le ridicule sur l'assemblée de Pise.

Ayant ainsi pourvu à la défense de son autorité spirituelle, le Pape songea à pourvoir également à celle de ses intérêts temporels ; à la suite de négociations que, vu les circonstances, il ne fut pas difficile de mener à bon terme, une alliance, qui dès lors reçut le nom de « Sainte Ligue », fut conclue entre le Pape, le roi d'Aragon et la République de Venise, dans le but de maintenir l'unité de l'Église et l'intégrité de ses États (4 octobre 1511). Henri VIII, qui convoitait la Guyenne et que séduisait, par conséquent, l'idée d'une guerre contre le roi de France, ne tarda pas à donner son adhésion à la ligue (17 novembre) ; quant à Maximilien, que le clergé allemand pressait de retirer son

---

1. Pastor, *op. cit.*, loc. cit., p. 338. La bulle de convocation du concile du Latran est datée du 18 juillet 1511. V. Raynald, ad ann. 1511, t. XI, f. 584.

appui aux schismatiques de Pise, il finit par se désintéresser entièrement de leur sort.

Cependant, les prélats réunis à Pise se décidaient, malgré leur petit nombre, à ouvrir les sessions de leur concile, à la présidence duquel ils élirent le cardinal Bernardin Carvajal. Ils célébrèrent, à ce qu'il paraît, de fort belles cérémonies et prononcèrent des discours enflammés contre le Pape, mais cela n'empêche que leur situation était tout autre que brillante. En effet, tandis que l'indifférence témoignée par l'Empereur au dernier moment ne leur permettait plus guère de compter que sur le seul appui efficace du roi de France et réduisait à bien peu de chose la portée politique de leur assemblée, l'attitude hostile de la population de Pise constituait une menace sérieuse pour leur sécurité personnelle. L'excommunication lancée contre eux par le Pape acheva de leur rendre le séjour dans cette ville littéralement intenable, les obligeant à chercher à Milan un refuge plus sûr sous la protection des batteries françaises.

A Rome, au contraire, les préparatifs pour la tenue du concile du Latran se poursuivaient régulièrement et de façon à faire concevoir les meilleures espérances au Pontife. La plupart des souverains catholiques semblaient être bien disposés envers lui, et il y avait tout lieu de supposer que, le moment venu, les évêques des principales nations ne manqueraient pas d'apporter au Pape l'appoint de leur adhésion et de leur autorité représentative.

Jusque là, ainsi que j'ai déjà eu l'occasion de le remarquer, les Portugais étaient restés systématiquement étrangers aux événements qui se produisaient en Europe, en général, et en Italie en particulier. Cette sorte d'isolement volontaire leur permettait de poursuivre librement la série de leurs entreprises ultra-marines et, partant, la réalisation de leur vaste programme colonial. Ce programme, un des plus complets que se soit jamais proposé une société humaine, était à la fois religieux, politique et économique.

Porter les lumières de l'Évangile parmi les peuples qui n'avaient pas encore eu le bonheur d'en être éclairés, combattre toujours et partout les ennemis du nom chrétien, telle est la mission que les Portugais ont spontanément assumée, dès le début du xve siècle et qu'ils ont rempli, avec un zèle et une constance sans exemples jusqu'à la fin du siècle suivant.

Alors que la notion de patrie n'était encore qu'extrêmement vague et indéfinie chez la plupart des autres peuples de l'Europe, — groupés d'après des divisions arbitraires résultant du sort des armes et du hasard des traités plutôt qu'en vertu de leurs caractères ethniques, -- le peuple portugais avait déjà accompli son œuvre de cristallisation nationale et présentait une masse homogène et compacte ayant pleinement conscience de son individualité.

Il était naturel que, dans ces conditions, à l'idéal religieux se soit joint de bonne heure l'idéal patriotique dans l'esprit des Portugais, et que celui-ci les ait aussi constamment inspirés dans leurs multiples entreprises, les poussant à accroître toujours davantage le nombre des possessions nationales. Ce caractère éminemment politique de leur action dans le monde se révèle de diverses manières mais, notamment, par le soin et l'insistance qu'ils mettaient à solliciter la reconnaissance de la légitimité de leurs conquêtes de la part des pontifes romains dont, en l'espèce, les décisions avaient force de loi.

Enfin, la partie commerciale fut ajoutée la dernière au programme d'expansion ultra-marine des Portugais ; ce n'est guère, en effet, qu'après la découverte de la nouvelle route des Indes, que ceux-ci se rendirent entièrement compte des avantages énormes qu'il y aurait pour eux à faire du commerce avec les peuples qu'ils n'avaient songé jusqu'alors qu'à conquérir ou à civiliser [1].

---

1. L'Église, on le sait, prohibait rigoureusement, à cette époque, le commerce avec les infidèles, non par un aveugle fanatisme, mais parce que la marée montante de l'Islamisme constituait un danger

La découverte d'un chemin menant directement aux Indes, et permettant aux peuples occidentaux de communiquer avec ceux de l'Orient sans être obligés de recourir à l'intermédiaire des trafiquants arabes de la Syrie et de l'Egypte, devait nécessairement bouleverser complètement le commerce de la Méditerranée. Les Vénitiens qui, jusque là, en avaient partagé le monopole avec les seuls Génois, comprirent immédiatement qu'une concurrence redoutable allait leur être faite, qu'un coup aussi terrible qu'inattendu les avait frappés dans leurs intérêts vitaux. « Quand les nouvelles arrivées de Lisbonne se répandirent à Venise, dit Priuli [1], la ville entière fut comme glacée d'effroi. Les gens les plus sages disaient que jamais plus grand malheur n'avait atteint la République. Chacun comprit que l'Allemagne, la Hongrie, la Flandre, la France, obligées autrefois de venir acheter les épices à Venise, allaient maintenant trouver ces denrées à bien meilleur marché à Lisbonne..... »

Le gouvernement vénitien résolut de tout essayer

imminent pour la Chrétienté tout entière; ce fait ressort, d'une manière indiscutable, des brefs d'Alexandre VI et de Jules II, datés respectivement du 13 septembre 1496 et du 2 avril 1506, par lesquels ces deux papes, accédant aux désirs exprimés par Dom Emmanuel, l'autorisaient à faire le commerce avec les Maures, *exceptant les armes et autres produits qui auraient pu servir à la guerre.*

1. Cité par Mas-Latrie. *Relations et Commerce de l'Afrique Septentrionale*, etc. Paris, 1886, p. 504.

pour arrêter les progrès des Portugais ; il n'hésita pas, dans ce but, à avoir recours aux moyens les moins avouables ; c'est ainsi que, alors même que le péril turc menaçait le plus gravement la Chrétienté, il pactisa secrètement avec le Sultan pour que celui-ci excitât les Maures contre les Portugais aux Indes afin de paralyser leur action commerciale en Orient

Les Vénitiens comptaient, évidemment, sans la valeur indomptable et la ténacité à toute épreuve de leurs heureux rivaux qui, commandés par des capitaines tels que les Albuquerque, les Almeida, les da Cunha et autres, infligeaient aux Maures et aux princes hindous soulevés par eux de sanglantes leçons et affermissaient toujours davantage la suprématie portugaise.

La situation était grave, et les Vénitiens n'avaient plus à choisir qu'entre deux alternatives : « entrer résolument, mais pacifiquement, dans la lutte commerciale, malgré l'avance considérable des Portugais, soit en acceptant les offres du roi Emmanuel pour monopoliser le commerce des épiceries à Lisbonne, au détriment de l'Égypte, soit en agissant isolément pour leur propre compte et cherchant à prévaloir sur leurs rivaux par la libre concurrence... ou bien, refuser les propositions du Portugal, qui nécessairement subordonneraient le marché de Venise à celui de Lisbonne ; se refuser également à l'entente et à l'action isolée dans les voies commerciales ; accepter la guerre et tenter violemment d'arrêter et de ruiner, s'il était possible, le nouveau commerce des Portugais [1]. »

La Seigneurie hésitait encore sur le parti qu'il lui conviendrait mieux de prendre, lorsqu'éclata, en Italie, l'effroyable incendie dont les flammes la menacèrent avant tout autre État. La lutte qui s'engagea, terrible et sans merci, compromettait ses possessions de terre ferme, c'est-à-dire son existence même comme Puissance continentale ; pour résister à la coalition qui s'était formée contre elle, Venise se vit obligée de concentrer en Italie toutes ses forces militaires. Ne pouvant songer, en de telles conditions, à se mettre encore sur les bras une guerre avec le Portugal, elle dut se résigner à laisser le champ libre à son commerce avec l'Orient, se bornant à lui susciter de continuelles difficultés du côté des Turcs, par l'action infatigable de sa diplomatie retorse et toujours en éveil.

La grandeur politique de Venise étant née de la prospérité extraordinaire de son commerce et s'étant accrue en raison directe de son développement, la décadence de celui-ci devait fatalement entraîner son affaiblissement. En effet, c'est à partir de cette époque où la concurrence portugaise mina profondément l'hé-

1. Mas Latrie, *op. cit.*, loc. cit., p. 505 et suiv.

gémonie du commerce vénitien dans la Méditerranée, que la puissance politique de la République de Saint-Marc commença à péricliter.

Cependant, les Portugais continuaient la série ininterrompue de leurs succès aux Indes et en Afrique : en s'emparant de Malacca (1511), Albuquerque ouvrit à la civilisation la route de la Chine et du Japon par le détroit qui joint l'océan Indien au grand océan. Frappés de stupeur par les rapides progrès des armes lusitanes, les rois de Siam, de Pégou, de Marzingue et une foule d'autres potentats orientaux donnèrent libre accès dans leurs ports au commerce occidental.

Arrivé à l'apogée de sa puissance, maître du plus vaste empire connu à cette époque, arbitre des rapports commerciaux entre le nouveau monde et l'ancien, libre de toutes compromissions politiques, le roi Emmanuel aurait pu aspirer, à ce moment, à faire son entrée sur la scène politique de l'Europe et à y jouer un rôle prépondérant ; néanmoins, il ne se laissa pas éblouir par le rayonnement de sa propre auréole, et il préféra ne pas se départir encore de la réserve extrême qu'il avait gardée jusque là et grâce à laquelle il avait pu procéder paisiblement à la construction de l'imposant édifice de l'empire portugais.

Tout en s'abstenant de prendre part personnellement aux événements qui se déroulaient en Europe, Dom

Emmanuel était un trop fin politique pour s'en désintéresser complètement ; les agents officiels ou officieux qu'il entretenait dans les principales cours le tenaient au courant de tout ce qui se passait, ainsi qu'on peut s'en rendre compte d'après les fragments de correspondance qui nous sont demeurés [1]. On est surpris, par exemple, de voir le nombre de personnages portugais de différentes conditions qui, pendant les premières années du xvie siècle, se sont rendus à Rome pour y traiter les affaires de leur Roi et lui ont adressé de là des rapports sur la situation de l'Europe, en général, et du Saint-Siège en particulier. C'est que les circonstances rendaient de plus en plus nécessaires des relations suivies entre le Portugal et la curie romaine. L'œuvre d'expansion coloniale accomplie par les Portugais avait eu, au point de vue de l'Église, des conséquences d'importance capitale : non seulement les nouvelles découvertes avaient-elles ouvert un champ immense à l'action évangélisatrice des missionnaires catholiques, mais encore avaient-elles introduit des modifications radicales dans la question d'Orient dont dépendait le salut même de la Chrétienté. En pénétrant dans la mer d'Oman et le golfe persique, les Portugais avaient attaqué le monde musulman au cœur de

1. V. le *Corpo Diplomatico Portuguez* et le *Quadro elementar das Relaçoes politicas e diplomaticas de Portugal.*

sa puissance militaire et de ses intérêts commerciaux et, par cette diversion aussi heureuse qu'inattendue, avaient retardé la marche en avant des Turcs en Europe.

Dom Emmanuel se rendait parfaitement compte de toute l'étendue des services qu'il rendait à l'Église; aussi est-il bien naturel qu'il ait songé à en obtenir de sérieux avantages en retour. Il est permis de supposer que l'idée ou plutôt l'ambition d'élever le Portugal au rang des premières *couronnes* catholiques germa dès lors dans son esprit et que c'est vers cette fin que tendirent, désormais, tous les efforts de sa diplomatie.

Un premier fait semble confirmer cette hypothèse : Dom Emmanuel qui, jusque là, n'avait guère eu pour le représenter à Rome d'une façon permanente que des prélats, des militaires ou de simples courtisans, résolut d'y envoyer pour traiter ses affaires un homme de loi qui, en fait de science, ne le cédât en rien aux jurisconsultes les plus éminents de la curie romaine. Le docteur Jean de Faria, chevalier de l'Ordre du Christ, sur lequel le Roi jeta son dévolu pour remplacer son ambassadeur qui venait de mourir [1] était « un magistrat de grande valeur, très versé dans la jurisprudence civile et canonique et qui, ne se laissant pas séduire

---

1. *Diarii di Marino Sanuto*, t. XII, c. 483. Lettre de Hiéronimo Lippomano, 2 septembre 1511.

par les utopies qui n'existent que dans les livres et qui constituent en général le point faible des savants, était considéré comme doué d'une des meilleures intelligences du Portugal [1]. »

Il est fort regrettable que les instructions données par le Roi à son envoyé ne soient point parvenues jusqu'à nous, car elles nous auraient certainement fixés, d'une façon plus précise, sur les véritables intentions du monarque portugais et l'étendue de ses *desiderata* ; néanmoins, cette lacune est en partie comblée par ce qui nous reste des lettres adressées par Jean de Faria à son Souverain dans lesquelles il lui rend compte de l'état de ses affaires [2].

Arrivé à Rome vers la fin de février 1512, — après un voyage qui n'avait pas duré moins de deux mois, — Jean de Faria fut aussitôt reçu en audience par le Pape, qui lui fit le meilleur accueil, et il commença, sans tarder, à s'occuper des diverses questions qu'il avait été chargé de traiter avec le Saint-Siège [3].

A ce moment, la plus vive agitation régnait dans la Ville Éternelle : tandis que les préparatifs en vue de la prochaine tenue du concile, — convoqué pour le

1. Marquis de REZENDE. *Panorama*, vol. XI, p. 255.
2. *Corpo Diplomatico Portuguez*, loc. cit., p. 146. *Quadro elementar*, etc., loc. cit., p. 170.
3. *Ibid.*

19 avril, — battaient leur plein, on suivait avec anxiété les péripéties de la guerre qui, depuis le commencement de l'année, avait repris de plus belle. Après quelques succès éphémères, les armées de la Ligue furent constamment battues par celles du roi de France aux ordres de Gaston de Foix ; ce chef de 22 ans « grand capitaine avant d'avoir été soldat, » dont l'extraordinaire rapidité de mouvements déconcertait les généraux les plus experts dans l'art de la guerre, enleva successivement Bologne et Brescia au cours du mois de février. La situation du Pape était redevenue à tel point critique, qu'il dut se résoudre à ajourner au 3 mai l'ouverture du concile, dont il ne pouvait être question en de pareilles circonstances.

Le jour de Pâques, 11 avril, une terrible bataille fut livrée sous les murs de Ravenne ; les Français, toujours conduits par Gaston de Foix, triomphèrent sur toute la ligne ; mais la mort du jeune général tombé victime de sa trop grande audace donna à cette victoire toutes les conséquences d'une défaite.

La discorde que suscita parmi les chefs français la succession du commandement suprême de l'armée, le rappel du contingent allemand de la part de l'Empereur, la défection des auxiliaires italiens et plusieurs autres incidents du même genre qui se produisirent aussitôt après la bataille de Ravenne en annihilèrent les résultats et marquèrent la décadence de la suprématie française en Italie.

Rien ne s'opposait plus, désormais, à ce que le concile du Latran ouvrît la série de ses sessions, et Jules II dut éprouver un sentiment d'incomparable satisfaction lorsque le 2 mai, veille du jour fixé pour l'inauguration officielle, il vit défiler en procession avec lui seize cardinaux, douze patriarches, soixante-dix archevêques et évêques et un nombre infini de prélats de tous rangs [1].

Les contemporains qui nous ont laissé de longues et minutieuses descriptions de cette imposante cérémonie nous apprennent que les ambassadeurs d'Espagne, de Venise et de Florence y assistaient [2], mais aucun d'eux ne mentionne la présence de l'ambassadeur de Portugal.

A première vue, on serait tenté d'attribuer cette omission du nom de Jean de Faria, — qui se trouvait à Rome depuis deux mois déjà et avait été reçu à plusieurs reprises par le Pape, — à un oubli accidentel de la part des chroniqueurs de l'époque ; néanmoins, selon moi, cette hypothèse doit être écartée. Il n'est guère admissible, en effet, que ceux-ci qui nous ont transmis des comptes rendus si fidèles et si

1. Archives du Vatican. Paris de Grassis. *Diariorum*, t. VII, f. 256.
2. *Diarii di Marino Sanuto*, t. XIV, c. 203 et suiv.

riches en détails de ces cérémonies, aient oublié de signaler la présence de l'un des deux seuls ambassadeurs *étrangers* qui y auraient assisté, présence qui, du reste, revêtait une importance politique toute particulière dans les circonstances où se trouvait le Saint Siège à ce moment-là.

Quelque étrange que puisse sembler l'absence de l'ambassadeur portugais de cet acte solennel qui constituait, en quelque sorte, le triomphe du Pape sur ses ennemis, il faut bien, cependant, se résigner à y croire jusqu'à preuve certaine du contraire. Quant à la cause qui aurait pu motiver cette abstention, il est très difficile de la déterminer d'une façon absolue par suite des regrettables lacunes qui existent dans la correspondance de Jean de Faria avec son Souverain, précisément pendant cette période (27 avril-14 juillet); toutefois, j'aurai l'occasion de revenir plus loin sur ce sujet.

Quelques jours après la cérémonie d'ouverture, la première session du concile [1] fut tenue (10 mai); un discours fut prononcé par le Vénitien, Bernardino Zane, après quoi on lut les bulles de juillet 1511 et d'avril 1512 et on procéda à l'élection des charges.

---

1. Voir l'intéressante monographie du Dr E. Guglia. *Studien zur Geschichte des V Lateranconcils*, dans les Sitzungsberichte der Kais. Akademie der Wissenschaften in Wien, t. CXL, 1899.

La deuxième session eut lieu le 17 du même mois [1] ;
la parole fut prise par le docte général des Domini-
cains, Tomasso de Vio, qui condamna en termes
éloquents les fausses théories relatives aux conciles
et revendiqua hautement l'autorité suprême du Souverain Pontife. Après la lecture de divers documents,
notamment des lettres des rois d'Espagne et d'Angleterre promettant leur appui au Pape et confirmant
leur adhésion au concile, on décida que la troisième
session serait remise au mois de novembre afin d'éviter les chaleurs excessives de l'été et surtout afin de
donner le temps aux prélats « transmontains et trans-
marins » d'arriver à Rome [2].

C'est que, si le nombre des évêques, qui avaient
répondu à l'appel de Jules II et s'étaient groupés autour
de lui lors de l'ouverture et pendant ces deux premières sessions du concile, était amplement suffisant
pour éclipser celui des prélats schismatiques alors
réunis à Milan, il fallait considérer qu'ils étaient
presque tous italiens et, bien que ce fait même constituât une victoire pour le Pape, en démontrant que
nonobstant les vicissitudes qui au cours des dix
dernières années avaient divisé l'Italie, l'épiscopat
était demeuré constamment fidèle à sa cause, il en

---

1. Archives du Vatican. Paris de Grassis. *Diariorum*, t. VII, f. 273.
2. Hergenroether, t. VIII, p. 507 et suiv.

résultait cependant que le concile manquait de ce caractère *d'œcuménicité* absolument indispensable, à tous les points de vue, pour en assurer le succès.

L'absence des prélats étrangers était, du reste, facilement explicable, tant par la réserve naturelle qu'imposait aux souverains la situation précaire dans laquelle se trouvait le Pontife au moment de la convocation, — situation qui permettait de douter jusqu'à la dernière heure de la possibilité matérielle de la tenue du concile, — que par l'effroyable désordre qui régnait en Italie et rendait on ne peut plus périlleux un voyage dans ce pays sillonné en tous sens par les armées françaises protectrices du synode schismatique.

La situation changea du tout au tout à la suite des événements, — notamment l'entrée en campagne d'une forte armée suisse, — qui amenèrent l'exode graduel des troupes françaises de l'Italie.

Tandis que la réunion effective du concile du Latran rétablissait le prestige de la Papauté, non seulement dans la Péninsule, mais encore aux yeux de toute l'Europe, le conciliabule de Milan se mourait d'inanition. « Désillusionnés sur les conséquences de la victoire de Ravenne, les schismatiques perdirent toute contenance. Le 4 juin, ils résolurent le transfert de l'assemblée à Asti... à Asti, les schismatiques ne se jugèrent bientôt pas plus en sûreté qu'à Milan ; il fallut se décider à reculer jusqu'à Lyon. Là encore le pseudo-concile ne sut faire autre chose que réclamer des subsides du clergé de France et de l'Université de Paris. Finalement le concile français se dispersa de lui-même sans clôture officielle [1] ».

Stimulé par le revirement subit de la fortune en sa faveur, Jules II adressa alors un nouvel et pressant appel aux souverains catholiques, les exhortant à se faire représenter au concile, au cas où ils ne pourraient y assister en personne, et à encourager les prélats de leurs royaumes à s'y rendre immanquablement. C'est dans ce sens qu'est rédigé le bref qu'il écrivit le 30 juillet au roi Emmanuel [2].

La troisième session du concile qui, d'abord, avait été fixée au mois de novembre, fut ensuite ajournée au 3 décembre [3] ; lorsqu'elle s'ouvrit, la plupart des monarques avaient donné leur adhésion au Pape. Maximilien lui-même s'était enfin décidé à se départir de la réserve intéressée dans laquelle il s'était retranché depuis tantôt un an, et avait envoyé Mathieu Lang à Rome « comme procureur et chargé d'affaires auprès

---

1. PASTOR, *op. cit.*, loc. cit., p 387.

2. Bref *Indiximus ut*, 30 juillet 1512. Archives de Torre do Tombo, maço 34 de Bullas, nº 30. *Corpo Diplomatico Portuguez*, loc. cit., p. 173. *Quadro elementar*, etc., loc. cit., p. 177.

3. Archives du Vatican. PARIS DE GRASSIS. *Diariorum*, t. VII, f. 367 vº et suiv.

du concile, avec tous les pouvoirs nécessaires pour le seconder dans tous ses actes [1]. »

Jules II conféra le chapeau cardinalice au célèbre évêque de Gurk et le combla d'honneurs quasi royaux; c'est que sa venue, comme représentant de l'Empereur au concile, assurait le succès de celui-ci, couronnant l'œuvre politico-religieuse de son pontificat.

« C'était, en effet, la victoire la plus éclatante que la Papauté eût remportée depuis les temps d'Innocent III ! [2] ».

La quatrième session eut lieu le 10 décembre [3], et la cinquième, le 16 février de l'année suivante seulement [4]. Les chroniqueurs du concile nous donnent la liste des ambassadeurs qui y étaient présents, celui du roi de Portugal n'y figure toujours pas. Cependant, l'archevêque de Braga et les évêques de Porto, de Vizeu et de Ceuta avaient envoyé leur procuration pour le concile [5], soit que, pour une raison ou pour une autre, ils n'aient pas voulu s'y rendre personnel-

1. Pastor, *op. cit.*, loc. cit., p. 399.
2. Klaszko, *op. cit.*, p. 325.
3. Archives du Vatican. Paris de Grassis, *Diariorum*, t. VII, f. 376, v° et suiv.
4. *Ibid*, f. 395, v° et suiv.
5. Lettre de Jean de Faria au Roi, 4 janvier 1513. *Corpo Diplomatico Portuguez*, loc. cit., p. 181. *Quadro elementar* etc., loc. cit., p. 179.

lement ou, ce qui est plus vraisemblable encore, que le Roi ne leur ait pas permis de le faire.

Le nombre de pièces diplomatiques de cette époque que nous possédons est tellement restreint que pour expliquer certains faits qui paraissent étranges, il faut bien recourir à de simples hypothèses : or, l'abstention systématique de Dom Emmanuel de toute démonstration relative au concile, — alors que presque tous les souverains catholiques y avaient déjà adhéré, — et ce simple envoi de procurations de la part de quelques prélats de son royaume semblent indiquer que les rapports entre la curie romaine et lui n'étaient pas tout à fait aussi cordiaux, à ce moment-là, qu'ils l'avaient été par le passé.

De fait, les bribes de la correspondance des agents portugais à Rome qui nous sont parvenues révèlent l'existence de plusieurs différends entre les deux cours, et il est plus que probable, vu le caractère indépendant et autoritaire de Dom Emmanuel, que celui-ci n'ait voulu donner aucune satisfaction au Pape avant que ces questions n'aient reçu une solution conforme à ses désirs.

L'histoire des siècles passés nous apprend combien souvent des causes d'une futilité extrême, — parfois de simples questions d'amour-propre, — ont entraîné de graves dissentiments, voire même de sanglants conflits entre deux États ; à en juger par les données que nous possédons, le refroidissement survenu dans les relations de Dom Emmanuel avec le pape Jules II, vers la fin du règne de ce dernier, fut motivé par un incident, en soi relativement léger, mais qui acquit une importance tout à fait disproportionnée par suite de l'entêtement que mirent ces deux hommes, également doués d'une force de volonté extraordinaire, à soutenir leurs prétentions respectives.

Il s'agissait de l'élévation aux honneurs de la pourpre de D. Martinho da Costa, archevêque de Lisbonne, que le Pape avait décidée, dès la fin de l'année 1511, mais à laquelle le roi de Portugal s'opposait formellement.

Dans le but de contrecarrer cette promotion, Dom Emmanuel expédia à Rome un envoyé spécial, un certain Bartholomeu de Mendanha, qui arriva le 15 janvier 1512 dans la Ville Éternelle. Quelques jours après, il fut reçu par le Pape auquel il fit part des objections de son maître ; Jules II, dont le tempérament était, on le sait, d'une violence extrême, « se leva furieux en disant : *rex non facit cardinales nisi papa !* » Bartholomeu de Mendanha s'empressa de rendre compte de cette audience au Secrétaire d'État, l'informant, en outre, des intrigues, qu'il avait découvertes à la cour pontificale, en faveur de l'archevêque de Lisbonne [1].

On s'expliquerait difficilement l'envoi en Portugal d'un prélat romain, Vincenzo Confortino [2], tout exprès pour plaider la cause de D. Martinho da Costa auprès du Roi, si Jules II n'avait eu des raisons secrètes et d'ordre tout à fait supérieur pour vouloir le faire entrer dans le Sacré Collège. En effet, les motifs exposés dans le bref que l'envoyé du Saint-Siège devait remettre à Dom Emmanuel, avec ses lettres de créance, ne semblent guère suffisants pour justifier une semblable démarche [3] : le Pape priait le Roi de ne pas prendre cette nomination en mauvaise part, car non seulement l'archevêque de Lisbonne était-il très estimé en cour de Rome, mais encore parce qu'il était le frère de feu le cardinal Dom Georges, évêque de Porto, dont les mérites envers le Saint-Siège avaient été si nombreux et si considérables que leur

1. Lettre de Bartholomeu de Mendanha au Secrétaire d'État, 27 janvier 1512. *Corpo Diplomatico Portuguez*, loc. cit., p. 141. *Quadro elementar*, etc., loc. cit., p. 169.

2. Bref *Mittimus ad tuam*, 26 janvier 1512. Archives de Torre do Tombo, maço 36 de Bullas, n° 59. *Corpo Diplomatico Portuguez*, loc. cit., p. 140. *Quadro elementar*, etc., loc. cit., p. 168.

3. On est surpris que Jules II ait songé à envoyer une mission au Portugal pour traiter une simple question de cardinalat, à ce moment où il se trouvait dans une situation tellement critique et où il avait tant de peine à réunir les sommes nécessaires à l'entretien de son armée.

récompense devait s'étendre jusqu'aux membres de sa famille [1].

Cette théorie, — nouvelle pour la curie romaine, — de la réversibilité des mérites des morts sur la tête de leurs héritiers, ne dut produire qu'une très mince impression sur l'esprit de Dom Emmanuel...

Lorsque, quelques semaines seulement après le départ de l'envoyé pontifical, Jean de Faria arriva à Rome, le Pape l'entretint, dès sa première audience, de l'élévation aux honneurs de la pourpre de l'archevêque de Lisbonne, insistant sur les mêmes motifs de gratitude envers la mémoire du cardinal défunt exposés dans son bref à Dom Emmanuel. L'habile diplomate portugais répondit, sans se déconcerter, que, quant à cela, les mérites de Dom Georges da Costa avaient été, de son vivant même, amplement rétribués par la latitude qui lui avait été constamment laissée de faire tout ce qu'il voulait en Portugal, ainsi que par les faveurs de toute sorte accordées non seulement à ses parents, mais même à ses serviteurs. Le Pape observa alors, qu'après tout, le Roi ne lui avait encore présenté aucun candidat pour le cardinalat tandis que l'archevêque de Lisbonne lui avait

1. Bref *Cum de supplendo*, 26 janvier 1512. Archives de Torre do Tombo, maço 26 de Bullas, nᵒ 25. *Corpo Diplomatico Portuguez*, loc. cit., p. 140. *Quadro elementar*, etc., loc. cit., p. 168.

été recommandé par la Reine, par sa sœur et une foule de grands personnages du royaume.

Jean de Faria, qui avait reçu des instructions formelles de son Souverain à ce sujet, saisit la balle au bond, et demanda officiellement le chapeau pour l'infant Dom Luiz [1] fils du Roi. Jules II, qui ne s'attendait pas à cette solution, répondit qu'il ne pouvait absolument pas accéder à ce désir de Son Altesse (*sic*), le prince en question n'ayant encore que six ou sept ans, âge auquel il n'y avait pas d'exemple qu'on eût jamais créé de cardinaux et que, du reste, il ne comptait pas faire de promotions cardinalices pour le moment. En rendant compte au Roi du résultat de cette première démarche, Faria ajoutait que, selon lui, il serait opportun d'intéresser à cette affaire quelque membre influent du Sacré Collège, et il indiquait le cardinal de San Giorgio comme le plus apte à prêter un concours efficace en l'espèce [2].

L'ambassadeur portugais revint à la charge, dans une nouvelle audience qui lui fut accordée le mois suivant : cette fois, le Pape se retrancha derrière les

1. Le nom de l'Infant n'est mentionné dans aucun des documents, néanmoins il n'est pas douteux qu'il s'agissait de Dom Luiz qui, né à Abrantes le 3 mars 1506, était le seul fils de Dom Emmanuel dont l'âge correspondît à celui du prince dont il est question.

2. Lettre de Jean de Faria au Roi, 8 mars 1512. *Corpo Diplomatico Portuguez*, loc. cit., p. 146. *Quadro elementar*, etc., loc. cit., p. 170.

cardinaux dont « tout dépendait » à ce qu'il assura ;
néanmoins, il promit de faire de son mieux, lorsque
l'occasion s'en présenterait, pour contenter le Roi.
Faria écrivit aussitôt à son maître pour lui dire où en
étaient les choses et lui faire connaître les engagements pris par Jules II envers l'Empereur et le roi
d'Espagne relativement à la création prochaine de
nouveaux cardinaux dans leurs États ; il insista encore
sur la nécessité de s'assurer le concours de l'un des
cardinaux de curie, et plus particulièrement de celui
de San Giorgio, demandant, enfin, des instructions
précises à cet égard [1].

Sur ces entrefaites, arrivait à Rome une lettre
adressée au Pape par Dom Emmanuel ; bien que ce
document ne nous soit point parvenu, il est aisé d'en
induire la teneur d'après la réponse verbale qu'y donna
Jules II lorsque Faria la lui remit ; elle contenait évidemment des récriminations du Roi à propos de l'élévation projetée de D. Martinho da Costa à la dignité
cardinalice : en effet, le Pape reconnut sans peine qu'il
avait promis le chapeau à ce prélat pour les raisons
multiples qu'il avait exposées précédemment, mais il
s'empressa d'ajouter qu'il ne le lui donnerait jamais

1. Lettre de Jean de Faria au Roi, 13 avril 1512. *Corpo Diplomatico Portuguez*, loc. cit., p. 156. *Quadro elementar*, etc., loc. cit.,
p. 172.

sans le consentement de Son Altesse; enfin, il répéta que, pour le moment, il ne comptait pas tenir de consistoire et que, quand il le ferait, il préférerait mécontenter l'archevêque que de déplaire au Roi [1].

Quelque persuasifs qu'aient pu être les arguments contenus dans la lettre de Dom Emmanuel, ils ne suffiraient pas, à coup sûr, pour expliquer ce changement de ton subit de la part de Jules II; ce qu'il ne faut pas oublier, c'est qu'on était à la veille de l'ouverture du concile auquel l'adhésion du roi de Portugal était indispensable et que le vieux Pontife, intransigeant comme il l'était en matière purement politique, savait se résigner à tous les sacrifices lorsque les intérêts spirituels de l'Église l'exigeaient. « L'énormité du prix auquel Jules II paya l'adhésion de l'Empereur au concile démontre toute l'importance qu'attachait aux affaires de la religion cet homme qu'on a si souvent accusé de ne s'être occupé que de politique [2]. »

Les lacunes que j'ai déjà signalées plus haut dans la correspondance de Jean de Faria nous laissent dans l'obscurité la plus complète relativement au progrès des négociations en cours jusqu'au mois de septembre; une lettre, datée du 4 de ce mois, nous apprend que

1. Lettre de Jean de Faria au Roi, 27 avril 1512. *Corpo Diplomatico Portuguez*, loc. cit., p. 168. *Quadro elementar*, etc., loc. cit., p. 175.
2. Pastor, *op. cit.*, loc. cit., p. 398.

la question de l'Infant en était toujours au même point, et que le consistoire avait été remis à la fête de Noël. Ici, l'ambassadeur portugais nous révèle une petite intrigue de cour qui ne manque pas de saveur : le Pape désirait, paraît-il, que les personnages qu'il élèverait en cette circonstance aux honneurs de la pourpre, fussent personnellement présents au concile, — c'était un bon moyen pour les contraindre à s'y rendre; — or, comme les partisans de l'archevêque de Lisbonne [1] savaient bien que son chapeau dépendait de sa venue à Rome, ils agissaient activement auprès du Pontife, afin qu'il écrivît au Roi, le priant de ne pas s'opposer à ce voyage, et à l'archevêque l'enjoignant de venir sous peine d'encourir les plus graves censures [2].

Il faut croire que Jules II, qui ne tenait pas à indisposer davantage le roi de Portugal, ne céda pas aux insinuations des amis de D. Martinho da Costa et que, s'il le fit, le résultat en fut absolument négatif, car, au commencement de janvier de l'année suivante, on n'avait encore reçu à Rome que les seules procura-

1. On comptait parmi ceux-ci le cardinal de San Giorgio et Carlo Rovero, évêque de Mondovi, s'il faut en croire ce qu'écrivait en janvier Bartholomeu de Mendanha au Secrétaire d'État. V. la lettre déjà citée. *Corpo Diplomatico Portuguez*, loc. cit., p. 141. *Quadro elementar*, etc., loc. cit., p. 169.

2. Lettre de Jean de Faria au Roi, 4 septembre 1512. *Corpo Diplomatico Portuguez*, loc. cit., p. 174. *Quadro elementar*, etc., loc. cit., p. 177.

tions pour le concile de l'archevêque de Braga et des évêques de Porto, Vizeu et Ceuta. Quant à la création de nouveaux cardinaux, il n'en était même pas question[1].

Le fait est que, vers la fin de décembre, le Pape était tombé très gravement malade. Contrairement à l'avis des médecins qui lui conseillaient le repos, il continuait à s'occuper des affaires courantes et recevait au lit les cardinaux et les ambassadeurs[2]. Cependant, son état empirait à vue d'œil ; il était désespéré lorsque, le 16 février, le concile tint sa cinquième session. Enfin, Jules II rendit sa grande âme à Dieu, avec un courage et une résignation incomparables dans la nuit du 20 au 21 février[3].

Jean de Faria écrivit au Roi le jour même pour lui faire part de la mort du Pontife et lui rendre compte de la situation à Rome[4].

Une ère nouvelle dans les relations entre le Portugal et le Saint-Siège était à la veille de s'ouvrir.

---

1. Lettre de Jean de Faria au Roi, 4 janvier 1513. *Corpo Diplomatico Portuguez*, loc. cit., p. 181. *Quadro elementar*, etc., loc. cit. p. 179.

2. PASTOR, *op. cit.*, loc. cit., p. 402.

3. Archives du Vatican. PARIS DE GRASSIS. *Diariorum*, t. VII, f. 401, v°.

4. Lettre de Jean de Faria au Roi, 21 février 1513. *Corpo Diplomatico Portuguez*, loc. cit., p. 189. *Quadro elementar*, etc., loc. cit., p. 182.

II

LÉON X ET LE ROI EMMANUEL

Le 4 mars 1513, les cardinaux présents à Rome se réunirent en conclave pour donner un successeur au grand Jules II. Après sept jours de votations préparatoires, le nom du cardinal Jean de Médicis sortit victorieux du scrutin.

En ce moment où l'Église était encore mal remise des convulsions qui l'avaient agitée sous les pontificats précédents et où la situation politique en Europe était des plus précaires, l'élection d'un pape âgé de trente-huit ans à peine pouvait sembler un acte de témérité extraordinaire de la part du Sacré Collège.

Mais le cardinal de Médicis possédait des titres aussi nombreux que singuliers à l'estime et à la confiance de ses collègues : destiné dès sa plus tendre enfance à la carrière ecclésiastique, revêtu de la pourpre à l'âge de quatorze ans, il avait reçu une éducation religieuse, scientifique, littéraire et artistique comme peut-être aucun autre homme d'Église n'en avait eue de son temps.

Mêlé de très bonne heure à la vie publique, tant en raison de son illustre naissance que par la haute situation personnelle qu'il devait au cardinalat, il avait su donner, dans les circonstances les plus difficiles, des preuves irréfragables de tact, d'énergie et de courage [1].

Enfin, — et ce n'était point son moindre mérite, — la correction absolue de ses mœurs lui assurait un ascendant considérable auquel ne pouvaient malheureusement aspirer, à cette époque, qu'un nombre trop restreint de grands dignitaires ecclésiastiques.

Élu pape, le cardinal de Médicis prit le nom de Léon X, nom que ses incomparables talents devaient porter bientôt aux plus hauts sommets de la gloire et qui devait illustrer le siècle tout entier pendant lequel le Pontife qui l'assuma ne régna que huit ans !

L'ambassadeur de Portugal s'empressa de solliciter une audience du nouveau pape afin de lui offrir les félicitations de son Souverain. Léon X lui fit un accueil des plus gracieux, se montrant on ne peut mieux disposé envers Dom Emmanuel et la nation portugaise.

---

1. Qu'il suffise de rappeler l'attitude prise par le cardinal de Médicis au moment de l'élection d'Alexandre VI, la dignité avec laquelle il se comporta lors de la révolution qui chassa sa famille de Florence, la valeur dont il fit preuve à la bataille de Ravenne, etc.

En rendant compte à son maître de cette première entrevue, Jean de Faria lui dit que le Pape lui avait réitéré les assurances de sympathie envers le Portugal qu'il lui avait déjà données avant le conclave[1]. Il le tenait au courant du point auquel se trouvaient les différentes affaires en cours et des dispositions qu'il avait cru devoir prendre, dans les circonstances présentes, en vue d'en assurer la solution. En outre, il conseillait au Roi d'écrire le plus tôt possible à Léon X pour le féliciter de son avènement à la tiare et il achevait sa lettre en l'informant que le Pape avait été couronné la veille du dimanche des Rameaux (19 mars) et prendrait possession du Latran après la fête de Pâques[2].

Une antique tradition que d'aucuns font remonter au VIIIe ou au IXe siècle[3], voulait que les pontifes romains après avoir été couronnés se rendissent, en

---

1. Ces assurances avaient certainement été données par le cardinal de Médicis à l'ambassadeur portugais, avant qu'il n'ait pu envisager l'éventualité de son élévation à la tiare ; en effet, il se trouvait hors de Rome lorsque mourut Jules II et n'y rentra que deux jours après l'ouverture du conclave. Ce fait est intéressant à noter, car il révèle l'entière sincérité des sentiments de Léon X à l'endroit de la nation portugaise.

2. Lettre de Jean de Faria au Roi, 23 mars 1513. *Corpo Diplomatico Portuguez*, loc. cit., p. 191. *Quadro elementar*, etc., loc. cit., p. 182.

3. F. CANCELLIERI. *Storia dei Solenni Possessi*, etc. Roma, 1802, p. 1 et suiv.

grande pompe, à la basilique de Saint-Jean de Latran,
pour prendre solennellement possession de ce temple
qui est, en quelque sorte, l'église titulaire de l'évêque
de Rome et, pour cette raison, est décoré du titre
éminent de : *Omnium ecclesiarum Urbis et Orbis
mater et caput*.

Cette cérémonie, dont il est intéressant de suivre le
développement graduel de siècle en siècle et de pontificat en pontificat dans les curieuses « relations » contemporaines si intelligemment réunies par F. Cancellieri en un même volume, a subi avec le temps de
nombreuses et profondes modifications dans sa forme
extérieure tout en conservant toujours son caractère
primitif. Ce n'est toutefois qu'à partir du retour des
papes d'Avignon que les *Solenni Possessi* ont pu être
accomplis d'une façon stable et régulière et que depuis
le règne d'Innocent VIII, — c'est-à-dire depuis la
fondation du collège des cérémoniaires pontificaux
par Johann Burchard, — que des relations détaillées
en ont été officiellement rédigées et consignées dans
leurs *Diarii* par les membres de cet illustre collège.

La prise de possession du Latran avait une double
importance correspondant au double caractère dont est
revêtu le pape en sa qualité de chef de l'Église
catholique et de souverain temporel des États pontificaux. En effet, non seulement le pape accomplissait

en ce jour un rite religieux auquel était attachée une signification hautement symbolique, mais encore il accomplissait un acte de caractère véritablement civil en entrant, pour la première fois, en contact direct avec ses sujets. Ce fait explique la pompe et la magnificence extraordinaires qui, de bonne heure, présidèrent à cette cérémonie, dont la partie la plus saillante consistait en une procession grandiose qui accompagnait le Pape-Roi de sa résidence du Vatican à la basilique du Latran. En aucune autre circonstance la ville ne revêtait semblable parure de fête comme en ce jour solennel : toutes les rues par lesquelles devait passer le cortège pontifical étaient ornées de mâts aux écussons et aux couleurs du pape, de distance en distance se dressaient de superbes arcs de triomphe portant des inscriptions latines, où étaient célébrés en termes emphatiques les mérites de l'Élu et les fastes de sa famille, enfin, les palais et les maisons en bordure étaient décorés de tapis précieux, de tentures de damas et de brocart, de guirlandes de fleurs, dans la disposition artistique desquelles les habitants rivalisaient d'ingéniosité et de goût.

Pourtant, de mémoire de citoyen romain, aucun *Possesso* n'avait jamais revêtu ce caractère de splendeur et d'élégance consommée qui marqua la solennité du 11 avril 1513. Jamais la ville n'avait été si richement ornée depuis le temps des Césars, jamais pontife ne s'était encore présenté aux yeux de son peuple entouré d'un appareil aussi éblouissant. La description minutieuse de cette cérémonie que Gian-Giacomo Penni, médecin florentin, adressa à la *Contessina* de Médicis, sœur de Léon X, contient une infinité de détails dont, cela va sans dire, les cérémoniaires pontificaux n'ont pu faire mention dans leur relation officielle[1] : le *Possesso* de Léon X fut véritablement féerique.

Il eût été intéressant de connaître l'impression que ce merveilleux spectacle produisit sur l'esprit de Jean de Faria, que la simplicité relative de la cour de Lisbonne ne devait certainement pas avoir blasé. Mais, le compte rendu qu'il ne peut avoir manqué d'en envoyer à son Souverain n'est malheureusement point parvenu jusqu'à nous.

Il est curieux que le docteur Penni, dans l'énumération qu'il fait des ambassadeurs étrangers qui figurèrent dans le cortège, ne mentionne pas la présence de celui du roi de Portugal[2] ; Paris de Grassis, qui nomme les ambassadeurs « en bloc », sans citer aucun nom, ne nous apporte pas la moindre lumière sur ce point ; toutefois, il ne saurait être douteux que, non

1. F. Cancellieri, *op. cit.*, p. 60 et suiv.
2. *Ibid.*, p. 70.

seulement Jean de Faria assista à cette mémorable
cérémonie, mais encore qu'il prit part à la procession
ainsi que l'exigeaient les hautes fonctions dont il était
revêtu.

*
* *

Après dix années de pontificat, employées tout
entières à relever la Papauté de l'état de déchéance
morale et matérielle où l'avaient entraînée, peut-être
encore davantage les circonstances des temps que le
triste gouvernement d'Alexandre VI, Jules II, en
mourant, avait légué à son successeur une situation
singulièrement favorable.

La réussite du concile du Latran écartait désormais
toute éventualité de schisme, tandis que la retraite
des troupes françaises, à la suite de la bataille de
Ravenne, assurait au Saint-Siège la libre possession
de ses États.

Cependant, — une fois son but atteint, — l'anéan-
tissement de la suprématie française en Italie — la
Sainte Ligue s'était dissoute d'elle-même, et Venise
toujours soupçonneuse, que commençait à inquiéter la
puissance grandissante de ses alliés de la veille, cherchait, dans une nouvelle alliance offensive et défen-
sive avec Louis XII, une garantie pour ses possessions
de terre ferme.

Cette alliance qui constituait une menace de renou-
vellement de la prépondérance française dans la Péninsule eut pour conséquence immédiate une coalition
des États qui avaient le plus à redouter cette éventualité ou qui avaient intérêt à profiter de cette circonstance pour chercher à abattre la puissance du roi de
France. Le 5 avril 1513 la ligue de Malines fut conclue entre le Pape, l'Empereur et les rois d'Angleterre et d'Aragon ; les Suisses désormais étroitement
unis au sort du Siège Apostolique, apportèrent à la
ligue l'appoint de leur incomparable infanterie.

Tandis qu'Anglais et Français se rencontraient sur
mer en cent combats épiques, les Suisses battaient à
Novara la gendarmerie de Louis XII[1] et les chevaliers
d'Henri VIII faisaient prisonniers, à la sanglante
« journée des éperons » Bayard et La Palice avec la fine
fleur de la noblesse française[2] ; à Flodden[3] et à Vicen-
za[4] les Écossais et les Vénitiens, alliés de Louis XII,
subissaient respectivement d'irréparables échecs.

C'en était fait de la prépondérance française en
Italie !

Cependant, toujours fidèle au système d'abstentio-

1. 6 juin 1513.
2. Bataille de Guinegatte, 16 août 1513.
3. 9 septembre 1513.
4. 7 octobre 1513.

nisme absolu qui lui avait parfaitement réussi jusque
là, le roi de Portugal continuait à assister, en simple
spectateur, — et sans se laisser entraîner par l'exemple
de son beau-père, le roi d'Aragon, qui y prenait une
part sans cesse grandissante, — aux événements politiques de l'Europe qui mettaient aux prises les princes
chrétiens entre eux.

Après la conquête de Malacca qui avait ouvert au
commerce portugais des horizons aussi vastes que nouveaux, l'héroïque Alphonse d'Albuquerque s'était vu
obligé de retourner en toute hâte aux Indes pour réprimer les ferments insurrectionnels que l'absence de son
autorité et l'administration maladroite de ses lieutenants
y avaient laissé croître. Secouru fort à point par une
escadre de renfort commandée par D. Garcia de
Noronha que le Roi, toujours prévoyant, lui avait
envoyée, il eut bientôt fait de châtier sévèrement les
rebelles et de rétablir l'ordre en raffermissant la
domination nationale.

On était à la fin de l'année 1512 : les principaux
rajahs, désormais édifiés sur la stabilité de la suprématie portugaise, demandaient au vice-roi amitié
et protection, tandis que le Négus d'Abyssinie, le
légendaire « prêtre Jean » dont les premiers navigateurs avaient si longtemps cherché le mystérieux
empire, envoyait un ambassadeur qu'Albuquerque

recevait à Goa, lui fournissant un navire et une escorte
pour le conduire au Portugal où il devait remplir une
mission de son maître auprès de Dom Emmanuel [1].
Je n'ai pas à relater ici les péripéties du voyage de
l'ambassadeur abyssin, qui avait nom Mathieu, et
de la réception que lui fit à Lisbonne le monarque
portugais [2] ; ce sujet trouvera sa place dans une prochaine publication.

A ce moment, l'épopée portugaise avait véritablement atteint son apogée. Dom Emmanuel réunissait
sous son sceptre le plus colossal empire que le monde
ait connu depuis l'écroulement de celui des Césars !

Les découvertes et les conquêtes lointaines ayant
toujours pour résultat immédiat une extension pro-
portionnelle de la religion catholique, il n'est pas
téméraire d'affirmer que l'œuvre christianisatrice, et
partant civilisatrice des Portugais ait égalé en intensité et en efficacité leur œuvre militaire et commerciale. Ainsi, leur vaste programme colonial, dont j'ai
donné plus haut une analyse sommaire [3], se trouvait
donc rempli dans toutes ses parties.

Dom Emmanuel qui, se conformant au conseil que
lui avait donné son représentant à Rome, avait écrit à

1. Damião de Goes, *op. cit.*, 3ᵉ partie, c. xxx, p. 335.
2. *Ibid.*, c. lviii et lxx, p. 391 et suiv.
3. V. plus haut, p. 59 et suiv.

Léon X pour le féliciter de son avènement au trône pontifical et lui exprimer les sentiments affectueusement dévoués dont il était animé envers sa personne[1], lui écrivit de nouveau bientôt après pour lui faire part de la conquête de Malacca et des conséquences aussi nombreuses que considérables qui résultaient de cet événement à tous les points de vue[2]. Cette lettre se croisa en chemin avec la réponse du Pape à la précédente, dont, curieuse coïncidence, elle ne différait par la date que d'un jour.

On peut se faire une idée de la satisfaction avec laquelle le Pontife apprit la nouvelle des triomphes remportés par Alphonse d'Albuquerque à Malacca et aux Indes en lisant le bref qu'il adressa au Roi pour l'en féliciter. Après avoir récapitulé brièvement les principaux paragraphes de la lettre royale, Léon X informait le Souverain que lecture en avait été faite en présence du Sacré Collège; il ajoutait qu'une messe solennelle d'actions de grâces, à laquelle il avait

---

1. Cette première lettre, dont nous n'avons connaissance que par la réponse qu'y fit le Souverain Pontife par son bref *Summam nobis*, en date du 7 juin 1513, n'est point parvenue jusqu'à nous. V. ce bref dans le *Corpo Diplomatico Portuguez*, loc. cit., p. 199. *Quadro elementar*, etc., loc. cit., p. 184. L'original se trouve aux Archives de Torre do Tombo, maço 36 de Bullas, n° 10.

2. Lettre du roi Dom Emmanuel à Léon X, Lisbonne, 6 juin 1513. *Corpo Diplomatico Portuguez*, loc. cit., p. 196. *Quadro elementar*, etc., loc. cit., p. 184.

assisté en personne, avait été chantée par un cardinal
dans la basilique de Saint-Pierre pour remercier le
Ciel d'avoir accordé la victoire aux armes portugaises
et que, pendant la cérémonie, les mérites singuliers
acquis par Sa Majesté envers la Religion avaient été
dûment célébrés en un sermon de circonstance ; enfin
il lui disait que le peuple romain s'était associé lui
aussi à la jubilation générale en allumant des feux de
joie et en se livrant à toutes sortes de manifestations
d'enthousiasme.

Tout à fait caractéristique est le passage de ce bref
où le Pape, insistant sur l'importance des succès portugais en Orient au point de vue spirituel, exprime la
consolation qu'il éprouve à la pensée qu'après tant de
siècles d'asservissement à la barbarie et au culte des
faux dieux, ces régions sont ·finalement arrachées aux
mains des *chiens (sic)* d'infidèles [1] !

1. V. le bref *Significavit nobis*, du 5 septembre 1513. Archives
de Torre do Tombo, maço 31 de Bullas, n° 21 ; *Corpo Diplomatico
Portuguez*, loc. cit., p. 201 ; *Quadro elementar*, etc., loc. cit.,
p. 185..... Et licet in his, ut diximus, nihil sit omnino quod sciveri-
mus, aut potuerimus, prætermissum, cum tamen consideramus
maximam illam Indiam, Asiæ terminum, partim Mahometica insania,
partim gentili errore, scatentem a parva præ illis tuorum manu, post
tot sæcula Christiano nomini pro bona parte fuisse patefactam, et
tot millia animarum, quæ prius a tartaro absorptæ, ad æterna suppli-
cia damnabantur, *de manu canis esse erepta*, spesque prope certa per
te, tuosque proponatur grandiosa in dies, dante Domino, in Christi-
tiani dogmatis gloriam, hostiumque eversionem eventura, parum certe

Quelle différence entre les lettres banales et ternes de la chancellerie de Jules II et ces admirables documents issus de la secrétairerie léonine! Sadoleto et Bembo, que le Pontife a attachés à sa personne, dès son avènement à la tiare, rendent, en un style que n'eût pas désavoué Cicéron, la pensée toujours féconde, lumineuse et puissante de leur maître. Glorieuse collaboration à laquelle nous sommes redevables de tant de purs chefs-d'œuvre !

Nous savons, par une lettre que Dom Emmanuel écrivit à Jean de Faria, au sujet de différentes affaires d'importance secondaire qu'il le chargeait de traiter avec le Pape, que les manifestations solennelles auxquelles avait donné lieu à Rome la nouvelle de ses succès, lui causèrent la plus vive satisfaction ; cette lettre, évidemment une réponse à quelque rapport (perdu) de Faria, nous apprend encore que le cardinal Santa Croce avait dû rendre d'importants services aux intérêts portugais, puisque le monarque donnait

nostro judicio in re tanta et tam bene gesta nos fecisse, parumque nobis satisfecisse videmur, superest, ut Magestatem tuam, quo possumus, studio in Domino hortemur, eamque attente rogemus, velit tam sanctum, tamque gloriosum, ac meriti plenum opus prosequi, in eoque viriliter pergere, ac perseverare, atque de Christiana republica, quæ quasi in Europæ augulum, peccatis nostris facientibus, ac Christianorum discordia, redacta est, quotidie magis, ac in dies singulos benemereri.....

l'ordre à son représentant de le remercier en son nom [1].

Tout en dirigeant vers l'Orient le plus clair de son activité et le meilleur de ses forces, le roi de Portugal ne négligeait pourtant pas la « croisade » contre les Maures d'Afrique qu'il considérait toujours comme un devoir sacro-saint. Au commencement de cette année 1513, il avait envoyé au Maroc une flotte de cinquante voiles et une armée de dix-huit mille hommes aux ordres de son neveu Dom Jayme, duc de Bragance, afin de frapper un coup décisif et de mettre fin une fois pour toutes aux attaques incessantes des infidèles contre les garnisons portugaises du Maroc. Azamor fut emportée à la pointe de l'épée, Almédine et Tanger se rendirent ; la chevalerie portugaise, comme au temps des guerres de l'indépendance, s'était signalée par son indomptable bravoure [2].

Cette expédition dirigée contre les pires ennemis du nom chrétien était une nouvelle et éclatante preuve du zèle de Dom Emmanuel en faveur de la Religion ; c'est avec un orgueil légitime que l'heureux monarque informa encore personnellement le Pontife du succès

1. Lettre de Dom Emmanuel à Jean de Faria, 18 septembre 1513; *Corpo Diplomatico Portuguez*, loc. cit., p. 203; *Quadro elementar*, etc., loc. cit., p. 185.

2. Damião de Goes, *op. cit.*, 3ᵉ partie, c. xlvi, p. 367 et suiv.

de ses armes. Sa lettre datée du 30 septembre ne parvint à Rome que dans les derniers jours de l'année.

Avant de relater les manifestations imposantes auxquelles donnèrent lieu à Rome les nouvelles relatives aux victoires remportées par les Portugais sur les infidèles, il importe de relever un fait qui est des plus significatifs au point de vue de la « politique européenne » du roi de Portugal, dont je n'ai pas manqué de signaler, à plusieurs reprises, les tendances véritablement supérieures.

Vers le milieu de décembre, Léon X adressa à Dom Emmanuel un bref de caractère tout différent de ceux que son prédécesseur et lui-même lui avaient envoyés jusque là. Il lui annonçait que, profitant de l'approche de l'hiver et de la cessation momentanée des hostilités, il avait résolu d'envoyer des messagers aux princes chrétiens dans le but de tenter une réconciliation entre eux. Faisant appel à sa bonne volonté et à son *autorité*, il le priait de lui prêter son concours efficace en donnant des instructions à ses ambassadeurs afin qu'ils agissent dans le même sens auprès de son beau-père le roi d'Aragon et des Deux-Siciles, de l'empereur Maximilien et des rois d'Angleterre et de France[1].

---

1. Bref *In his sermonibus*, 16 décembre 1513. Archives de Torre do Tombo, maço 30 de Bullas, nº 7. *Corpo Diplomatico Portuguez*, loc. cit., p. 210. *Quadro elementar*, etc., loc. cit., p. 187.

Cet appel du Pontife à la coopération diplomatique du roi de Portugal en faveur de l'œuvre pacificatrice dont il prenait l'initiative, était en quelque sorte la consécration officielle de la politique que ce monarque avait suivie jusqu'alors. Désormais le Portugal, arrivé au faîte de sa grandeur, prenait place parmi les premières couronnes catholiques. Le rêve de Dom Emmanuel était réalisé !...

Cependant, la lettre par laquelle le Roi annonçait au Pape l'heureuse issue de l'expédition du duc de Bragance au Maroc était parvenue à Rome. Léon X, qui tenait de sa race cet amour du beau et du grand en toutes choses qui, pendant la durée de son brillant pontificat s'est manifesté dans la vie publique par la solennité des cérémonies civiles et religieuses et la splendeur des cortèges, — des cavalcades comme on disait alors, — voulut que la nouvelle des victoires portugaises fût célébrée avec plus de magnificence encore que ne l'avait été, l'année précédente, celle de la conquête de Malacca. Paris de Grassis nous a transmis, dans son intéressant journal, le récit détaillé des fêtes qui eurent lieu en cette circonstance. Le 3 janvier, mardi de l'octave de l'Épiphanie, le cardinal del Monte, du titre de San Vitale, chanta à Saint-Pierre une première messe d'actions de grâces à laquelle assistèrent le Pape et tous les cardinaux de curie ;

selon l'usage, la cérémonie fut terminée par la lecture, en forme officielle, de la lettre royale. Le dimanche suivant, 8 janvier, le Pontife accompagné des cardinaux revêtus de la pourpre et d'une éblouissante escorte dans laquelle figuraient les plus hauts dignitaires de sa cour, se rendit à cheval à l'église de Saint-Augustin où le cardinal Pompeo Colonna célébra une seconde messe d'actions de grâces. Ce fut un chanoine de Saint-Pierre, du nom de Camillo Porzio, auteur de nombreux ouvrages très appréciés de ses contemporains, qui eut l'honneur de prononcer en chaire l'éloge solennel du roi de Portugal et de ses armées victorieuses [1].

Le 18 du même mois, le Pape qui se trouvait temporairement à Canino, adressa un bref de félicitations à Dom Emmanuel, lui prodiguant les expressions de sa gratitude pour le nouveau et signalé service rendu par lui à toute la Chrétienté [2].

Les relations entre le Portugal et le Saint-Siège avaient subi, ainsi que nous venons de le voir, un

1. V. Comte S. de Ciutiis. *Une ambassade portugaise au XVIᵉ siècle.* Naples, 1899, p. 11 et suiv. L'auteur reproduit en note plusieurs passages extraits du journal de Paris de Grassis : Archives du Vatican, *Diariorum*, t. VIII, p. 184 et suiv.

2. Bref *Sæpe egimus*, 18 janvier 1514. Archives du Vatican, *Brev. ad Principes*, t. V, f. 33. Archives de Torre do Tombo, maço 29 de Bullas, nº 8. *Corpo Diplomatico Portuguez*, loc. cit., p. 214. *Quadro elementar*, etc., loc. cit., p. 189.

crescendo continuel depuis l'avènement de Léon X au trône pontifical. Moins absorbé que son prédécesseur par les soucis de la politique, le nouveau pape avait pu suivre de plus près le développement extraordinaire de l'épopée portugaise en ces dernières années. Tout imprégné de souvenirs classiques, l'esprit du fils de Laurent le Magnifique était mieux disposé que tout autre à sentir fortement ce qu'il y avait de grandiose dans les « gestes » de ce petit peuple qui, à l'exemple des anciens Romains, avait soumis des empires entiers à sa domination. Les découvertes proprement dites n'étaient pas moins faites que les conquêtes ou la croisade pour impressionner l'esprit éclairé de Léon X, et l'expansion énorme qui en résultait pour la Religion ne pouvait manquer de constituer à ses yeux un titre plus éloquent encore à la reconnaissance du monde chrétien en général et de la Papauté en particulier.

Non content d'exprimer son enthousiasme dans les épîtres superbes qu'il adressait au roi de Portugal, le Pontife avait voulu en donner une manifestation ostensible afin que l'écho en parvint aux oreilles de tout le monde civilisé : de là les solennités publiques dont les chroniqueurs contemporains nous ont conservé le souvenir. Flatté dans son amour-propre de Portugais et de Roi, Dom Emmanuel ne pouvait

demeurer insensible à cette glorification de son peuple
et de sa personne de la part de celui qui représentait
la plus haute autorité morale qu'il y eût ici-bas; aussi
est-il bien naturel qu'il ait voulu profiter de la première occasion qui se présenterait à lui pour y correspondre dignement. L'usage d'envoyer une ambassade
pour prêter obédience aux pontifes nouvellement élus
était l'occasion désirée, il la saisit avec empressement.

Le 21 octobre 1513, Dom Emmanuel signa une
procuration en vertu de laquelle Tristan da Cunha,
Diogo Pacheco et Jean de Faria étaient accrédités
en qualité d'ambassadeurs extraordinaires pour prêter
obédience en son nom au pape Léon X [1].

Oliveira Martins dit que le roi de Portugal « voulait figurer lui aussi parmi les premiers souverains de
l'Europe, en intervenant d'une manière saillante dans
la politique internationale et, dans ce but, il résolut
d'envoyer à Rome une ambassade tellement fastueuse
qu'elle éblouirait le monde [2]. »

Autant que ma connaissance de la langue des
« Lusiades » peut m'autoriser à ce faire, je m'incline,
avec les innombrables admirateurs du célèbre écrivain
portugais, devant le style aussi brillant qu'impeccable

---

1. *Quadro elementar*, etc., loc. cit., p. 187. Extrait de Labbe,
Concil., t. XIX, 1ʳᵉ éd. de Venise.

2. Oliveira Martins. *Historia de Portugal*. Lisboa, 1886, t. II,
Liv. v, p. 5.

qui a immortalisé son œuvre ; mais en conscience, il me faut faire les plus grandes réserves quant à la façon dont il a apprécié les hommes et les événements qu'il a prétendu faire revivre dans les chapitres disproportionnés des deux petits volumes décorés par lui du titre pompeux d'*Histoire de Portugal*.

Les allusions qui précèdent au sujet de la politique générale de Dom Emmanuel, — quelque sommaires qu'elles soient en raison du caractère spécial de la présente monographie, — doivent suffire cependant pour prouver au lecteur que le monarque portugais possédait tous les titres nécessaires pour aspirer à jouer un rôle important en Europe sans qu'il eût besoin de chercher à acquérir celui, bien relatif du reste, que pouvait lui procurer l'envoi d'une ambassade à Rome, pour somptueuse qu'elle fût.

L'envoi de cette mission célèbre fut déterminé par des considérations d'un ordre autrement sérieux et élevé : en premier lieu, Dom Emmanuel tenait à honneur de s'acquitter envers le nouveau pontife, — qui dès son avènement à la tiare, lui avait prodigué les témoignages les plus amples de déférence et d'estime, — d'un devoir de courtoisie qu'une tradition séculaire imposait aux souverains catholiques et auquel, du reste, il n'avait pas failli sous le pontifical précédent [1].

1. V. plus haut, p. 23.

En second lieu, il voulait offrir au Vicaire de Jésus-Christ les prémices des régions lointaines découvertes et conquises par ses sujets, afin de placer en quelque sorte son vaste empire colonial sous la suzeraineté du Siège Apostolique comme, près de quatre siècles auparavant, Alphonse Ier l'avait fait pour son royaume arraché à la domination musulmane.

A ces actes d'hommage et de dévotion, qui devaient constituer ce que j'appellerai la partie *extérieure* de la mission portugaise, était tout naturellement ajoutée la partie *diplomatique* consistant en une série de questions d'actualité, intéressant au même titre le Portugal et le Saint-Siège, et qui devaient être l'objet de négociations particulières entre le Pape et les envoyés du Roi.

Il est probable, voire même certain, que Dom Emmanuel munit ses ambassadeurs d'instructions écrites portant l'énumération détaillée de ces questions et l'énoncé des solutions qu'il désirait y voir apporter. Bien que cet important document ne nous soit malheureusement point parvenu, nous connaissons assez exactement les matières qui devaient y être contenues.

D'après Damião de Goes, les trois questions de caractère général que les ambassadeurs portugais étaient chargés de soumettre à l'attention du Souverain Pontife étaient : la continuation du concile du Latran, les réformes ecclésiastiques et la prédication de la croisade contre le Turc. Ils devaient, en outre, traiter certaines questions particulières, notamment celle des subsides que le Roi voulait être autorisé à prélever sur les revenus du clergé afin de pourvoir en partie aux dépenses énormes que lui occasionnait la guerre contre les infidèles, et celle des églises et monastères qu'il désirait voir ériger en commanderies destinées à récompenser les mérites de ses meilleurs capitaines [1].

Nous verrons dans la suite jusqu'à quel point le Pape put donner satisfaction aux desiderata du roi de Portugal.

Il résulte clairement de ce qui précède que cette ambassade avait à remplir une mission politique de la plus haute portée et que le faste inouï dont elle fut entourée, — et qui a presque exclusivement attiré l'attention des historiens qui s'en sont occupés jusqu'à présent, — n'était véritablement destiné, dans l'esprit de Dom Emmanuel, qu'à en rehausser l'importance et, partant, à en seconder les fins.

Le choix même des personnages qui devaient la composer, confirme ce fait d'une manière incontestable. En plaçant à sa tête Tristan da Cunha, un des hommes les plus éminents du Portugal qui, après une longue et brillante carrière militaire, avait commandé

---

1. Damião de Goes, *op. cit.*, 3e partie, c. LVI, p. 387.

en chef l'escadre d'Orient (1506-1508), Dom Emmanuel avait eu l'intention de mettre personnellement en
contact avec Léon X un des plus glorieux artisans de
la grande œuvre ultra-marine dont ce Pontife se montrait si enthousiaste. Nul n'était mieux placé que lui
pour informer le Pape, en pleine connaissance de
cause, des avantages immenses qui dérivaient pour la
Chrétienté tout entière des découvertes portugaises et
de la croisade contre les Musulmans si énergiquement
menée tant en Orient que sur la côte septentrionale
d'Afrique; personne mieux que lui ne pouvait, par
conséquent, faire ressortir à ses yeux l'intérêt qu'il y
avait pour l'Église à favoriser la continuation d'entreprises si fécondes en heureux résultats.

La désignation du second envoyé ne révèle pas
moins la sagacité et l'esprit pratique de Dom Emmanuel.
Le docteur Diogo Pacheco jouissait dans son pays
d'une réputation hors de pair comme jurisconsulte et
comme littérateur; profondément versé dans les questions de droit canonique, il était déjà venu à Rome
avec l'ambassade de l'évêque de Porto pour prêter
obéissance au pape Jules II [1], et le brillant succès
dont avait été couronnée cette mission était dû, en
grande partie, à la science, au tact et à l'habileté

1. V. plus haut, p. 24.

déployés par lui au cours des négociations auxquelles elle avait donné lieu. C'est évidemment sur lui que le Roi comptait principalement pour traiter avec le Saint-Siège les délicates questions que Damião de Goes appelait *particulières*.

Enfin, en adjoignant à la mission extraordinaire son ambassadeur ordinaire à Rome, le Souverain obéissait à la fois à un précédent de date récente, — Jean de Saldanha avait été attaché avec le même caractère à l'ambassade dont il vient d'être question [1], — et à des considérations de réelle opportunité : résidant depuis deux ans déjà dans la Ville Éternelle, ce diplomate était familiarisé avec les rouages si complexes de la curie romaine ; en outre, il y possédait une influence personnelle très considérable, grâce aux sympathies qu'il avait su se ménager dans le Sacré Collège et l'entourage immédiat du Pontife. Son expérience des hommes et des choses de Rome, ses hautes relations, les qualités supérieures dont, en maintes circonstances, il avait donné la mesure, constituaient autant de précieux éléments de succès.

Le personnel de cette brillante ambassade comprenait une vingtaine de gentilshommes, parents ou amis de Tristan da Cunha, parmi lesquels on remarquait

---

1. V. plus haut, p. 24.

ses trois fils, Nuno, Simon et Pero Vaz da Cunha, Garcia de Rezende, auquel le Roi avait conféré le titre de secrétaire de la mission, Garcia de Sáa, Emmanuel de Sylveira, Nicolas de Faria, etc. [1], plus une nombreuse domesticité chargée du service des ambassadeurs et du soin des somptueux présents que Dom Emmanuel envoyait au Pontife.

Le 12 mars, l'ambassade fit son entrée publique à Rome avec une pompe et une magnificence jusque-là inconnues du peuple romain dont l'enthousiasme ne fut dépassé, en cette circonstance, que par un étonnement voisin de la stupeur.

L'audience solennelle qui, huit jours après, eut lieu dans la salle royale au Vatican, ne fut pas moins imposante : Léon X, entouré des membres du Sacré Collège, de la prélature, des représentants des Puissances et d'une foule de grands seigneurs romains, admit en sa présence les ambassadeurs de Dom Emmanuel qui procédèrent, avec une aisance et une dignité, qui causèrent l'admiration des cérémoniaires pontificaux, au baisement du pied, l'acte essentiel de la prestation d'obédience. Tristan da Cunha remit au Pape les lettres qui accréditaient ses collègues et lui auprès de Sa Sainteté, après quoi Diogo Pacheco, prenant la

---

1. Damião de Goes, *op. cit.*, loc. cit., p. 385.

parole, prononça un superbe discours qui confirma la réputation d'orateur insigne qu'il s'était acquise lors de sa première mission à Rome [1].

Les témoignages unanimes des contemporains permettent d'affirmer que si Dom Emmanuel avait réellement eu l'intention « d'éblouir le monde », comme l'assure Oliveira Martins, il y réussit même bien au delà des espérances qu'il avait pu concevoir [2].

Je ne saurais donner ici un compte rendu détaillé des fastes de cette ambassade célèbre sans m'écarter, d'une part, du cadre limité de la présente étude et sans empiéter, de l'autre, sur le sujet de la monographie spéciale que je consacrerai plus tard à l'épisode diplomatique le plus saillant qui ait marqué les relations entre le Portugal et le Saint-Siège au xvie siècle [3].

Une fois les formalités de l'obédience remplies, les ambassadeurs portugais s'empressèrent de vaquer aux différentes affaires que le Roi les avait chargés de

1. V. plus haut, p. 24.
2. Archives du Vatican, Paris de Grassis, *Diariorum*, t. VIII, f. 171, v° et suiv.
3. Plusieurs auteurs et, tout récemment encore, le comte de Ciutiis, dont j'ai eu l'occasion de signaler plus haut l'intéressant mémoire, se sont occupés de l'ambassade envoyée par Dom Emmanuel à Léon X; je ne me crois pas dispensé, cependant, pour cela, de traiter à mon tour un sujet qui entre dans le cadre général de l'ouvrage que j'ai entrepris de publier sur les relations diplomatiques entre le Portugal et le Saint-Siège, depuis le commencement du xvie siècle jusqu'à la fin du xviiie.

traiter avec la curie. Il est bien regrettable qu'une nouvelle lacune dans la correspondance de Jean de Faria avec son Souverain ne nous permette pas de retracer pas à pas la marche de ces importantes négociations.

Bien que Dom Emmanuel, — qui suivant en tous points la politique absolutiste de son prédécesseur Jean II, avait exclu peu à peu la représentation nationale des affaires publiques [1] — manifestât constamment des tendances franchement régaliennes, il n'en était pas moins demeuré foncièrement catholique et nul souverain ne déplorait plus que lui les calamités sans nombre qui, à ce moment, affligeaient l'Église universelle.

Déjà, sous le règne d'Alexandre VI, alors que les mœurs du clergé avaient atteint un degré de dissolution inouï et, qu'à Rome même, le scandale était peut-être encore plus grand que partout ailleurs [2], il n'avait pas hésité à envoyer un ambassadeur à ce pape pour lui adresser de vives remontrances au sujet d'un état de choses dont il lui imputait la responsabilité principale (1498) [3].

Le Roi avait salué avec une véritable satisfaction

---

1. Oliveira Martins, *op. cit.*, loc. cit., p. 19.
2. Damião de Goes, *op. cit.*, 1re partie, c. xxxiii, p. 34.
3. Pastor, *op. cit.*, loc. cit., p. 58.

la convocation du concile du Latran, entièrement due
à l'énergique autant qu'heureuse initiative de Jules II,
car il avait compris tout de suite que c'était le seul
moyen de raffermir l'autorité pontificale battue en
brèche de toutes parts, et d'épurer l'Église des abus
de toutes sortes que la corruption de ses ministres y
avait introduits. C'est pourquoi il avait ordonné à ses
ambassadeurs d'insister auprès du nouveau pape afin
que cette assemblée, dont la mort de Jules II avait
momentanément interrompu les sessions, fût reprise
sans retard ultérieur. Mais Léon X, qui avait pu constater les services immenses rendus par le concile à
son prédécesseur, n'avait pas attendu pour procéder à
sa convocation d'être invité à le faire. Dès le 27 avril
de l'année précédente, il avait ouvert la sixième
session avec cette solennité qu'il aimait à déployer
dans tous les actes de sa vie publique[1] ; la septième
session fut tenue bientôt après[2].

C'est à ce moment que s'était produit un événement
d'une importance considérable : impressionné par la
tournure défavorable qu'avait prise depuis quelque
temps la lutte qu'il poursuivait avec tant d'acharne-
ment contre le Saint-Siège, ébranlé peut-être aussi par
l'insistance avec laquelle sa femme, la pieuse Anne de

1. Archives du Vatican. PARIS DE GRASSIS. *Diariorum*, t. VIII,
f. 60.
2. 17 juin 1513. *Ibid.*, f. 81 v°.

Bretagne, s'efforçait de l'y faire renoncer, Louis XII s'était décidé finalement à négocier sa réconciliation avec Rome. Par le traité conclu à l'abbaye de Corbie, le 6 novembre 1513, il désavoua sans restriction aucune le conciliabule schismatique qui agonisait à Lyon, dernière étape de son existence errante, adhérant pleinement au concile du Latran. « Cependant, dit un historiographe de Léon X, la réconciliation personnelle du monarque avec l'Église n'était pas sans difficulté ; et une congrégation de trois cardinaux fut chargée de chercher une formule qui ne compromît ni l'honneur du Roi ni l'autorité du Saint-Siège. Elle fut trouvée promptement ; et à la huitième session du concile du Latran, session qui se tint le dernier jour de l'année 1513, les ambassadeurs du roi de France, produisant l'ordre de leur Souverain, renouvelèrent en son nom l'engagement contracté par le traité de Corbie [1]. »

Ce fut à ce point que les envoyés de Dom Emmanuel trouvèrent les choses à leur arrivée à Rome ; ils n'eurent point, par conséquent, à exercer aucune pression sur le Pape pour l'engager à continuer la série des sessions du concile puisque, depuis le commencement de l'année précédente, il était en pleine

1. W. Roscoe, *Vie et Pontifical de Léon X*. Paris, 1813, t. II, c. x, p. 232.

activité. Le 5 mai, au cours de la neuvième session, ils donnèrent l'adhésion du Roi au concile et présentèrent le mandat en vertu duquel ils avaient la mission de l'y représenter [1].

Si, conformément aux instructions qu'ils avaient reçues de leur maître, ils insistèrent auprès du Pontife pour qu'il s'occupât des réformes générales que réclamait la situation déplorable de l'Église, Léon X n'eut pas de peine à leur prouver toute sa bonne volonté dont la continuation du concile était, d'ailleurs, le témoignage certain [2]. Quant à la croisade contre le Turc, dont ils étaient chargés de demander au Pape la prédication, ils durent se convaincre aisément que celle-ci demeurerait sans effet; les efforts aussi inutiles que généreux des pontifes Eugène IV, Nicolas V, Calixte III, Pie II et Paul II, en un temps où le péril turc constituait pourtant une menace imminente pour le monde chrétien, avaient démontré une fois pour toutes qu'une coalition entre les princes catholiques, absorbés par leurs affaires intérieures et divisés par de graves conflits d'intérêts, devait être reléguée désormais au rang des utopies.

1. Archives du Vatican, PARIS DE GRASSIS, *Diariorum*, t. VIII, f. 185 v°.

2. Il est étrange que Dom Emmanuel ne fût pas informé, lorsqu'il envoya son ambassade à Rome, de la reprise des sessions du concile.

En présence de cette situation, les ambassadeurs portugais durent se limiter à faire des déclarations purement platoniques dans le sens des intentions de leur Souverain, en ce qui concernait la partie *générale* du programme qu'il leur avait tracé; c'est donc sur les questions d'ordre *particulier* qu'ils durent reporter toute leur activité.

Ils trouvèrent le Pape on ne peut mieux disposé à satisfaire aux exigences du Roi; en effet, il en avait donné la preuve lorsque, quelques jours seulement avant leur arrivée à Rome, il avait spontanément fait appel à la nation portugaise, engageant tous les catholiques de ce royaume à seconder le monarque dans ses expéditions contre les Maures en Afrique, soit en y prenant part personnellement, soit en lui fournissant des subsides en argent, promettant à ceux qui le feraient toute sorte de grâces spirituelles et, notamment, les mêmes Indulgences que l'Église accordait aux Croisés [1].

Par la bulle *Providum Universalis Ecclesiæ*, en date du 29 avril, le Pontife résolvait en partie le problème financier posé par l'accroissement continuel des frais de guerre. Après avoir rappelé en termes éloquents

---

1. Bulle *Orthodoxæ fidei*, 8 mars 1514. Archives de Torre do Tombo, maço 21 de Bullas, nº 12. *Corpo Diplomatico Portuguez*, loc. cit., p. 217. *Quadro elementar*, etc., loc. cit., p. 189.

les prouesses accomplies par les souverains portugais,
d'abord en chassant les Maures de la Péninsule, ensuite
en leur faisant la guerre en Afrique, et après avoir
célébré l'ardeur avec laquelle Dom Emmanuel lui-
même continuait à combattre ces ennemis implacables
du nom chrétien, Léon X déclarait concéder au Roi
les tierces et décimes des revenus des églises et autres
bénéfices ecclésiastiques « des royaumes de Portugal
et des Algarves, et des provinces, îles et autres lieux »
soumis à sa juridiction [1].

Tout en donnant satisfaction de la sorte aux légitimes désirs de Dom Emmanuel qui, en fin de compte,
ne demandait au Pape que de lui faciliter la continuation de ses entreprises dont l'Église était la première
à ressentir les effets bienfaisants, Léon X voulut
encore lui donner un témoignage public, en même
temps que très personnel, de son estime et de son
affection.

Une occasion exceptionnellement favorable se présentait précisément à ce moment-là : on était arrivé
au milieu du carême, époque à laquelle les pontifes
romains procèdent chaque année à la bénédiction
rituelle de la Rose d'Or et le Pape résolut d'en faire

---

1. Archives de Torre do Tombo, maço 20 de Bullas, n° 32. *Corpo
Diplomatico Portuguez*, loc. cit., p. 244. *Quadro elementar*, etc.,
loc. cit., p. 191.

présent au roi de Portugal, profitant de la présence à Rome de son ambassade extraordinaire pour faire revêtir à cette donation un caractère de solennité inaccoutumé.

Le 26 mars, quatrième dimanche du carême, communément appelé *Dominica de Rosa*, pour la raison susdite, Léon X se rendit, selon l'usage, dans la chapelle du palais où tout avait été préparé en vue de l'accomplissement du rite symbolique ; revêtu des ornements sacrés, à l'exclusion de la mitre, il bénit la Rose d'Or [1] avec le cérémonial habituel.

1. Le prix que coûtèrent les matières premières destinées à la confection de ce précieux joyau donne une idée de sa richesse.

Archives du Vatican. *Introitus et Exitus Cam. Apost.* n° DLI, f. 229. a mens. April. 1513 ad mens. Mart. 1514.

Magistro Sancto Aurifici, Die IV januarii 1514. R. P. D. « Ferdinandus Panzettus S. D. N. Papæ Thesaurarius Generalis solvit per manus spectabilium virorum Dom. Sebastiani Joannis et Augustini Saulis pecuniarum Cameræ Apostolicæ Generalium Depositariorum vigore mandati sub die primo presentis ducatos ducentos auri de Camera Magistro Sancte Colle Sabe Aurifici S^mi Domini Nostri pro parte pretii auri Rosæ singulo anno dari solita, fl. CC ».

Ibid., *Introitus et Exitus Cam. Apost.* n°. DLIII, f. 146, a mens. April. 1514 per totum Martium 1515.

1514. « Dicta die (VI aprilis) solvit ducatos octuaginta quinque similes de mandato sub die ultima martii Magistro Sancti aurifici S. D. N. pro pretio et manifactura ac auro et zaphiris Rosæ dari solitæ singulis annis in dominica rosæ, fl. LXXXV. »

Saba di Cola di Giacomo Saba, qui exécuta cette Rose, était un des orfèvres favoris de Léon X ; il appartenait, depuis 1489, au collège des massiers pontificaux (*servientes armorum*) dont plus tard Benvenuto Cellini lui-même devait faire partie. V. E. Müntz, *Les Arts à la cour des Papes.* Paris, 1898, ch. IV, p. 105.

Paris de Grassis, — que Léon X avait confirmé dans la charge de premier maître des cérémonies, qu'il exerçait déjà avec tant de désinvolture sous le règne de Jules II, — raconte dans son intéressant journal que, s'étant approché du Pape après qu'il eût béni la Rose, il l'engagea à désigner le souverain auquel il comptait en faire présent cette année, ce à quoi Sa Sainteté répondit que, bien qu'il eût ordinairement coutume de faire son choix avant le commencement de la messe, il ne le ferait cette fois qu'à la fin.

C'est alors qu'un certain Génois, qui remplissait les fonctions de procureur en curie et répondait au nom baroque de Cicotto, tenta d'insinuer que le Pape pourrait bien envoyer la Rose à l'empereur Maximilien, ceci dans le secret espoir, observe malicieusement le cérémoniaire de Léon X, qu'il serait chargé lui-même de l'honorable mission de la porter au Souverain.

Mais Léon X ne se laissa pas émouvoir davantage lorsque de Grassis lui rappela qu'avant de mourir, Jules II avait déterminé la donation de la Rose d'Or à Maximilien et, comme les ambassadeurs du roi de Portugal, auxquels il voulait la remettre, n'étaient pas présents à la cérémonie, il s'abstint de faire connaître ses intentions ce jour-là [1].

---

1. Archives du Vatican, PARIS DE GRASSIS, *Diariorum*, t. VIII, fol. 176. Archives des Maîtres des Cérémonies pontificales. t. CCCLXXIII, f. 82 v°.

Pendant près de trois semaines, il ne fut plus question de la donation de la Rose et le bruit se répandit dans la ville que le Souverain Pontife allait l'envoyer à l'Empereur.

Finalement le 17 avril, lundi de Pâques, comme Sa Sainteté se trouvait dans la salle dite des *Paramenti*, avec tous les cardinaux, il les consulta, pour la forme cela va sans dire, et tomba d'accord avec eux sur l'opportunité de faire présent de la Rose au roi de Portugal. Il donna l'ordre aux cérémoniaires d'aller

Dominica de Rosa (26 martii 1514). — Hodie Papa venit ad cappellam, ut in ordinario, sed pro Rosa hæc facta sunt ; nam altariolum prope lectum paramenti positum est, et ibi posita est Rosa, quam ex cubiculo suo Pontifex ante se venientem deferri iussit ; et tandem paratus absque mitra stans apud lectum, ut erat, benedixit Rosam ; duo Accoliti cum candelabris astiterunt, et duo alii cum musco et balsamo ; in fine Papa cum poneret balsamum, vidit melius esse quod ramusculi levarentur ex loco suo, et sic aliqui fuerunt quos balsamavit ; demum singulos balsamatos musco pulverizavit sic quod muscum non erat in pulverem tritum pulverizari fecit, ut sic digito humefacto caperet, captumque imponeret, et sic melius factum est. Quo facto dixi Pontifici ut consultaret super donatione Rosæ, et respondit in fine missæ id se facturum, quamvis ante principium missæ id soleat fieri. Quidam Cichottus Januensis Ardionis, cum procuratoris officium faciens, instetit ut daretur imperium quoniam ipse eam volebat portare ; verum cum Papa intellexisset a me fuisse sub Julio ultima vice conclusum quod daretur Imperatori, distulit concludere, et cum Oratoribus Portugalliæ voluisset dare, ipsi autem non venissent, nihil hac die voluit facere.

Balthasar da Pescia informait le soir même Laurent de Médicis de ce qui s'était passé et de l'indécision du Pape au sujet de la donation de la Rose. V. Roscoe, *op. cit.*, t. II, p. 289.

prendre le joyau mystique dans son appartement où il était conservé depuis le jour de la bénédiction, et de le porter dans la chapelle. Ceci fait, la Rose fut placée sur l'autel et y resta pendant toute la messe sans que presque personne la remarquât. Une fois l'office terminé, le Saint-Père fit approcher du trône où il était assis, les cardinaux et les ambassadeurs et, tandis que Paris de Grassis, debout devant lui, tenait la Rose à la main, il prononça une allocution de circonstance dans laquelle, après avoir évoqué les immenses services rendus à la Chrétienté par le roi de Portugal, il dit que l'Église romaine ne saurait trop faire pour rendre hommage à ses mérites et lui témoigner sa profonde gratitude et que, par conséquent, il avait décidé de lui faire don de la Rose d'Or, qui lui serait certainement très agréable, en raison des significations symboliques qui sont attachées à ce présent de caractère éminemment religieux.

A l'issue du discours du Pontife, les trois ambassadeurs ayant reçu la Rose lui baisèrent le pied et, accompagnés des prélats et autres dignitaires de la cour pontificale, rentrèrent au palais des Saints-Apôtres où ils habitaient[1].

---

1. Archives du Vatican, PARIS DE GRASSIS, *Diariorum*, t. VIII, f. 183, Archives des Maîtres des Cérémonies pontificales, t. CCCLXXIII, f. 86.

Donatio Rosæ Regi Portugalliæ. — A Dominica de Rosa, usque

Le départ de la mission portugaise ayant été fixé à
la fin de mai ou au commencement de juin, on ne
procéda pas immédiatement à la rédaction du bref de
donation de la Rose; ce document, qui porte la date
du 11 mai, est écrit dans un style à la fois sobre et

in hanc diem lunæ Paschatis, Papa distulit donationem Rosæ, et licet
ex parte Imperatoris, aut potius cuiusdam se nomine Imperatoris
intromittentis, fuerit rumor, quod Papa eam rosam daturus esset
Imperatori, tandem Papa hodie, quæ est 17 Aprilis feria 2ª in Pasca,
stans apud lectum paramenti consultavit et conclusit cum Cardinalibus quod donaretur Rosa Regi Portugalliæ. Et sic Papa nobis magis-
tris imposuit ut Rosam ipsam, quæ erat in camera sua, portaremus
ad cappellam, et sic factum est, et dum portaretur atque in altari
poneretur quasi nemo viderit, ubi per totam missam remansit. In
fine vocatis ad se in solio sedentem Cardinalibus, et Oratoribus, me
Rosam interim tenente, dixit per commodissima verba Regem Portugalliæ ob illustria opera quæ in propagando Christianorum nomine
fecisset faceretque in dies magnum nomen in Republica Christiana
vindicasset, ita ut mereretur ab omnibus et præsertim a Romana
Ecclesia multum excoli atque honorari et multis muneribus insigniri.
Unde cum Sedes Apostolica et Romanus Pontifex soleat singulis
annis Rosam, quæ in se habet misticum sensum alicui benemerito
Regi et Principi donare, nunc statuit eam Regi Portugallo (sic) donare,
quæ etsi in se parvi sit pretii, tamen maximi est misterii, et scit quod
eam Rex gratissimam habebit, non quia sit aurea, nam et ipse Rex
imperat aurum habentibus, sed quia est religiosa, et religionem
sapit, cuius ipse est fautor et augmentator eius. Itaque Oratores
tres, Rosa accepta, pedem osculati sunt, et in fine fuerunt a Prælatis et familiaribus Palatinis associati usque ad aedes Apostolorum
ubi habitabant.

Il est étrange que Vetore Lippomano, l'ambassadeur vénitien à
Rome, se soit trompé sur la date de la remise de la Rose aux envoyés
du roi de Portugal. En effet, dans la dépêche qu'il adressa le
28 mars à son gouvernement, il l'informait que cette cérémonie
avait eu lieu le dimanche précédent 26 mars; or, nous avons vu

élégant et les éloges qu'il contient à l'endroit de Dom Emmanuel ont un caractère plus intime que ceux qui lui sont adressés dans les autres bulles dont il a été question plus haut. Il se termine par une phrase charmante où Léon X assure le roi de Portugal que c'est, « après Dieu, sur lui et ses vertus qu'il met le plus de confiance et d'espoir pour l'extension des limites de l'empire chrétien [1] ».

Le succès de la mission de Tristan da Cunha avait été complet.

Léon X, prévenu déjà en faveur de la nation portugaise et de son Souverain par les relations qui lui parvenaient sans cesse au sujet des découvertes et des conquêtes ultra-marines, des victoires remportées sur les infidèles, de la propagation de l'Évangile, etc., fut

qu'en ce jour où le Pape avait béni la Rose, il avait renoncé à en déterminer la destination. V. *Diarii di Marino Sanuto*, t. XVIII, col. 84.

CARTARI, *op. cit.*, p. 95 mentionne, d'après le passage contenu dans les Annales de Raynald, la présentation de la Rose d'Or aux ambassadeurs portugais.

1. Je n'ai pu retrouver aucune trace de ce bref dans les Archives du Vatican ; le cardinal Hergenroether qui reproduit plusieurs autres documents de même date, n'en fait pas non plus mention dans ses *Leonis X Regesta*, fasc. V-VI, p. 242-3. Fribourg-en-Brisgau, 1888. L'original qui est conservé à Lisbonne dans les Archives de Torre do Tombo, maço 29 de Bullas, n° 3, a été publié dans le *Corpo Diplomatico Portuguez*, loc. cit., p. 252. *Quadro elementar*, etc., loc. cit., p. 193. *Bullarium Patronatus Portugalliæ*, loc. cit., p. 97. V. Appendice, n° 2.

profondément impressionné par la splendeur de
l'ambassade qui était venue lui prêter obédience
et par la variété autant que la richesse des présents
qu'elle lui avait apportés.

Point n'est besoin d'aller chercher dans les récits
des témoins oculaires, — et ceux qui nous ont laissé
leurs impressions sont relativement assez nombreux,
— de passagères allusions aux sentiments que manifesta le Pape en cette circonstance, Léon X a pris lui-
même le soin de les faire connaître à la postérité dans
la magnifique lettre apostolique qu'il écrivit à Dom
Emmanuel pour lui exprimer sa vive reconnaissance.
Ce bref, que les ambassadeurs devaient emporter avec
eux est revêtu de la même date que celui de la Rose [1].
Les membres de la mission portugaise surent acquérir
l'estime et la sympathie du Pontife par le tact, la pru-
dence et le savoir-faire dont ils firent preuve au cours
des négociations relatives aux affaires de leur Roi,
ainsi que par l'exactitude et la distinction avec les-

---

1. Bref *Postquam Serenitas Tua*, 11 mai 1514. Archives du Vatican,
arm. 44, t. V, f. 48. Cet important document qui se trouve publié
in extenso dans l'appendice de l'ouvrage de Roscoe : *Vie et Pontificat de Léon X*, a échappé à l'attention des doctes compilateurs du
Corpo Diplomatico Portuguez et du *Quadro elementar*, ce qui fait
croire que l'original n'existe pas dans les Archives portugaises. Pour
cette raison, il me paraît opportun d'en donner ci-après le texte
transcrit sur la minute conservée dans les Archives du Vatican.
V. Appendice, n° 3.

quelles ils s'acquittèrent de leurs fonctions en toutes
circonstances. Léon X ne leur ménagea pas les marques
de bienveillance et de considération : c'est ainsi que,
la nouvelle étant parvenue à Rome, alors qu'ils y
étaient encore, des grands préparatifs que faisait le
Turc en vue d'une expédition prochaine contre la
Sicile, le Pape offrit à Tristan da Cunha, « sachant quel
bon chevalier il était et à combien de batailles il avait
pris part sur mer », le commandement de l'escadre
qu'il faisait armer pour aller au secours de la grande
île italienne. L'illustre capitaine portugais se vit obligé
de décliner cette offre, quelque flatteuse qu'elle fût
pour lui, ne pouvant accepter un commandement sans
l'autorisation de son Souverain [1].

Par un bref adressé au Roi et daté également du
11 mai, le Pape demanda à Dom Emmanuel de récompenser les services de Diogo Pacheco, sa science et sa
fidélité, en lui conférant une des commanderies de
l'Ordre du Christ récemment instituées [2]; tandis que
par un autre bref, encore daté du même jour, il le
priait d'agréger à cet Ordre, en qualité de chevaliers
ou de commandeurs, les trois fils de Tristan da Cunha

1. Damião de Goes, *op. cit.*, 3e partie, c. lvi, p. 388.
2. Bref *Si tua animi*, 11 mai 1514. Archives de Torre do Tombo,
maço 34 de Bullas, n° 23. *Corpo Diplomatico Portuguez*, loc. cit.,
p. 230. *Quadro elementar*, etc., loc. cit., p. 192.

ainsi que ses parents Garcia de Sáa et Emmanuel de Sylveira, lesquels, d'après ce qu'il lui avait été rapporté, avaient tous pris part aux expéditions contre les infidèles [1].

Malgré de longues et patientes recherches dans les chroniques et les correspondances de l'époque, je ne suis point parvenu à retrouver aucune allusion au départ de l'ambassade portugaise de la Ville Éternelle ; ce fait m'autorise à croire qu'il s'est effectué d'une façon toute privée et sans aucun appareil. Il semble même résulter d'une lettre adressée par Léon X à Laurent de Médicis, dans laquelle le Pontife recommandait à la bienveillance de son parent Mgr Antonio Pucci, qu'il envoyait comme nonce apostolique au Portugal et qui devait passer par Florence « en compagnie d'un des ambassadeurs portugais [2] »,

---

1. Bref *Licet videatur*, 11 mai 1514. Archives du Vatican, arm. 39, t. XXX, f. 268 et *Minuta Brevium Leonis*, n° 2, f. 255, n° 112. Cet intéressant document, dont n'ont pas eu connaissance les auteurs du *Corpo Diplomatico Portuguez* et du *Quadro elementar*, a été publié pour la première fois par le comte de Ciutiis dans l'ouvrage cité plus haut. Je le reproduis ci-après in extenso V. Appendice, n° 4.

2. Ce bref, *Cum dilectum filium magistrum Antonium de Pucciis*, daté de mai 1514, ne porte pas l'indication du jour de son expédition ; néanmoins on peut, sans craindre de commettre une erreur trop grossière, l'attribuer au 24 de ce mois, date que portent les lettres de créance de Mgr Antonio Pucci. Archives du Vatican, arm. 39, t. XXX, f. 416.

que Tristan da Cunha et Diogo Pacheco rentrèrent
dans leur patrie par des voies différentes. En tous cas,
il est probable que les ambassadeurs quittèrent Rome
tout à fait à la fin de mai ou dans les premiers jours
de juin.

Jean de Faria, en sa qualité d'ambassadeur ordinaire près le Saint-Siège, demeura à Rome après le
départ de ses collègues et continua à y traiter avec
autant d'habileté que de bonheur les affaires de son
maître, ainsi qu'il résulte de la nombreuse série de
documents qui, au cours des derniers mois de sa
mission, émanèrent de la chancellerie pontificale,
apportant de nouvelles concessions ou tranchant
d'anciennes difficultés en faveur de la couronne de
Portugal.

Il serait trop long, et, du reste, hors de propos,
d'énumérer ici tous ces actes ; il me suffira de citer
les principaux qui ont parachevé, pour ainsi dire,
l'œuvre entamée par l'ambassade extraordinaire.
Parmi les questions que celle-ci avait été particulièrement chargée de traiter à Rome, celle des commanderies de l'Ordre du Christ, que le Roi désirait créer par la
transformation des biens d'un certain nombre d'églises
et de monastères, était, une des plus importantes [1].

---

1. V. plus haut, p. 105.

La bulle *Dum fidei constantiam* [1], datée du 7 juin, que Jean de Faria parvint à obtenir du Pontife, — ainsi que l'indique le texte même de ce document, — octroya au Roi le patronat sur les églises et tous les bénéfices ecclésiastiques compris dans le territoire qui s'étend entre les caps Bojador et Nam jusqu'aux Indes et sur ceux de l'Afrique et autres possessions d'outre-mer, les plaçant sous la juridiction immédiate du prieur de Tomar, prélat de l'Ordre du Christ, dont le Souverain était grand-maître.

Par la bulle *In Sacra Petri Sede*, du 14 septembre, l'Indulgence plénière était accordée à tous ceux qui participeraient aux expéditions organisées par le roi de Portugal, en Afrique, en Éthiopie, en Arabie, en Perse et aux Indes [2]. Bien que de caractère essentiellement spirituel, ce document avait une véritable valeur même au point de vue pratique car, à cette époque où le sentiment religieux était très ardent chez le peuple, le nombre des hommes de foi qui étaient prêts à risquer leur vie dans quelque entreprise guerrière pour assurer le salut de leur âme était

---

1. Archives de Torre do Tombo, maço 21 de Bullas, nᵒ 13. *Corpo Diplomatico Portuguez*, loc. cit., p. 254. *Quadro elementar*, etc., loc. cit., p. 193.

2. Archives de Torre do Tombo, maço 22 de Bullas, nᵒ 46. *Corpo Diplomatico Portuguez*, loc. cit., p. 269. *Quadro elementar*, etc., loc. cit., p. 198.

encore très considérable. C'était donc toute une catégorie de soldats, et des meilleurs, que par la promesse de récompenses célestes, le Pape poussait à s'enrôler sous la bannière des *quinas*.

D'une portée bien plus grande, et d'un caractère tout nouveau était, enfin, la bulle *Præcelsæ devotionis* [1], datée du 3 novembre suivant, où Léon X, rappelant les bulles de ses prédécesseurs Nicolas V et Sixte IV [2], et en considération du dévouement de Dom Emmanuel envers l'Église et de la pureté de sa foi, étendait le patronat qu'il avait accordé à lui et à ses successeurs par une bulle antérieure [3], à toutes les conquêtes que les Portugais pourraient faire dans l'avenir, non seulement sur les territoires qui s'étendent depuis les caps Bojador et Nam jusqu'aux Indes, mais encore sur toutes ces régions, même sur celles qui étaient peut-être encore inconnues « *quam etiam ubicumque, et in quibuscumque partibus, etiam nostris temporibus forsan ignotis* ».

Que pouvait désirer Dom Emmanuel de plus? Le Souverain Pontife, non content de lui avoir reconnu

---

1. Archives de Torre do Tombo, maço 29 de Bullas, nº 6. *Corpo Diplomatico Portuguez*, loc. cit., p. 275. *Quadro elementar*, etc., loc. cit., p. 199.

2. Nicolas V, *Dum diversas*, 18 juin 1452. *Romanus Pontifex*, 8 janvier 1454. — Sixte IV, *Æterni Regis*, 21 juin 1481.

3. *Dum fidei constantiam*, 7 juin 1514.

la légitime possession des territoires immenses décou-
verts et conquis par ses navigateurs, lui assurait par
anticipation celle des régions encore inconnues qu'ils
pourraient découvrir et conquérir dans la suite !.....

Cependant, Faria dont, dès son arrivée à Rome,
Tristan da Cunha avait signalé les éminents services à
l'attention du Secrétaire d'État [1], — recevait une
lettre du Roi dans laquelle Dom Emmanuel lui exprimait en termes flatteurs, sa haute satisfaction pour la
manière dont il s'acquittait de ses fonctions. En outre,
il l'informait qu'en considération de ses mérites singuliers, qu'il aurait toujours présents à la mémoire,
il l'autorisait à rentrer au pays pour jouir parmi
les siens d'un repos bien gagné ; il ajoutait qu'il avait
désigné, pour le remplacer à Rome, Dom Miguel
da Silva auquel il le priait de remettre, aussitôt qu'il
arriverait, le soin des affaires dont il était chargé,
en le tenant au courant du point où elles en
étaient [2].

Vers le milieu de novembre, le cardinal de
San Giorgio, dont les sympathies envers le Portugal

---

1. Lettre de Tristan da Cunha au Secrétaire d'État, Rome, 11 avril
1514. *Corpo Diplomatico Portuguez*, loc. cit., p. 242. *Quadro elementar*, etc., loc. cit., p. 191.

2. Lettre du Roi à Jean de Faria, Lisbonne, 30 août 1514.
Corpo Diplomatico Portuguez, loc. cit., p. 267. *Quadro elementar*, etc.,
loc. cit., p. 197.

étaient déjà anciennes [1], écrivit à Dom Emmanuel pour l'avertir que, cédant à ses propres instances et à celles des cardinaux d'Aragon et des Santi Quattro, le Pape avait résolu de lui envoyer prochainement l'Épée d'honneur et le Chapeau ducal que les pontifes ont coutume de bénir chaque année dans la nuit de Noël et qui sont considérés comme une marque de distinction suprême [2].

Effectivement, le jour de la Saint-Jean, comme les cardinaux étaient réunis autour du Pape, dans la chapelle palatine, pour assister à l'office avec lui, Léon X leur fit part de son intention de faire don au roi de Portugal de ces insignes symboliques qu'il avait bénis dans la nuit de Noël précédente.

Ayant fait apporter le *Stocco* et le *Berrettone*, le Saint-Père invita Jean de Faria à s'approcher de son trône et les lui remit, le chargeant de les porter à son Souverain afin qu'il fît usage de ce glaive contre les infidèles [3].

---

1. V. plus haut, p. 79. Lettre de Jean de Faria à Dom Emmanuel, 8 mars 1512.

2. Lettre du cardinal de San Giorgio au roi de Portugal, 14 novembre 1514. *Corpo Diplomatico Portuguez*, loc. cit., p. 302. *Quadro elementar*, etc., loc. cit., p. 200.

3. Pour la donation de l'Épée d'honneur et du Chapeau ducal à Dom Emmanuel, voir mon volume : LE PORTUGAL ET LE SAINT-SIÈGE. I. *Les Épées d'honneur envoyées par les papes aux rois de Portugal au XVIe siècle*. Paris, Picard, 1898, p. 19 et suivantes.

Jean de Faria, auquel le Pontife avait donné un dernier témoignage de considération en lui confiant cette honorable mission, ne tarda pas à quitter Rome où, dès la fin de janvier ou le commencement de février, — je ne saurais préciser au juste la date — Dom Miguel da Silva, le nouvel ambassadeur, arriva pour représenter le roi de Portugal [1].

*
* *

Lorsque les ambassadeurs d'obédience de Dom Emmanuel étaient arrivés à Rome, ils avaient trouvé la paix finalement rétablie d'un bout à l'autre de la Péninsule. Louis XII, humilié, s'était réconcilié avec le Saint-Siège, et des pourparlers étaient engagés entre le roi d'Angleterre et lui en vue de mettre fin aux dissensions qui, depuis trop longtemps déjà, tenaient leurs armées en campagne. Le traité de Londres (7 août 1514) cimenté par l'union du roi de France, — devenu veuf par la mort d'Anne de Bretagne, — avec la princesse Mary, sœur d'Henry VIII, acheva de rétablir le calme en Europe. Le rêve, naguère si

---

1. Léon X accueillit le nouvel ambassadeur de la façon la plus chaleureuse et écrivit au Roi pour le féliciter du choix de son représentant. — Bref *Vidimus animo leto*, 27 février 1515. Archives de Torre do Tombo, maço 36 de Bullas, nº 11. *Corpo Diplomatico Portuguez*, loc. cit., p. 313. *Quadro elementar*, etc., loc. cit., p. 205.

chèrement caressé par le pape Jules II, semblait désormais accompli : le nord de l'Italie était affranchi du joug de l'étranger, et la paix régnait enfin entre les princes chrétiens.

Mais la mort de Louis XII (1er janvier 1515) et l'avènement consécutif au trône de France de son neveu et gendre, François de Valois Angoulême, jeune homme ardent et belliqueux, eurent pour effet à peu près immédiat le bouleversement complet de cet heureux état de choses.

Brûlant de reconquérir le Milanais perdu, François Ier ne tarda pas à descendre en Italie à la tête d'une puissante armée; avec l'aide des Vénitiens, il battit à Marignan (15 et 16 septembre 1515), les troupes coalisées de l'Empereur, du roi d'Espagne, de Maximilien Sforza, de Laurent de Médicis et du Pape que soutenaient les Suisses, défenseurs attitrés du Saint-Siège, conduits par l'infatigable cardinal de Sion.

Ce succès foudroyant du roi de France lui permit de dicter les conditions d'une paix que lui seul avait troublée et que tout le monde désirait voir rétablie. Le duc de Milan renonça à ses droits pour un titre français et une grosse pension, les Suisses conclurent avec François Ier la *paix perpétuelle* (7 novembre) par laquelle ils s'engageaient à ne plus intervenir dans les affaires d'Italie, le Pape, enfin, d'accord avec le roi d'Espagne, rendit les duchés de Parme et de Plaisance.

C'est à ce moment que fut signé le fameux concordat entre la France et le Saint-Siège [1] par lequel « François Ier abolissait la Pragmatique Sanction, les réserves, les expectatives et les appels en cour de Rome, s'attribuant la nomination aux dignités ecclésiastiques, mais rétablissant les annates et renonçant à la convocation des conciles périodiques. En d'autres termes, il ne reconnaissait plus la supériorité des conciles sur les papes [2] ».

Cependant l'influence et la renommée du roi de Portugal croissaient de jour en jour, non seulement à Rome, mais encore dans les principales cours européennes. Tandis que l'archiduc Charles d'Autriche, dont l'astre commençait à poindre à l'horizon, cherchait à le faire entrer en ligue avec l'Empereur, François Ier lui envoyait un ambassadeur pour lui faire des propositions d'alliance. Mais Dom Emmanuel se montra intraitable [3]. Il n'était pas disposé à renoncer à un système politique qu'il avait inébranlablement suivi toute sa vie durant et qui lui

1. Il existe un superbe exemplaire du texte original du concordat dans les Archives du Vatican.

2. T. TOUSSENEL. *Histoire de l'Europe*. Paris, 1881, t. II, p. 348.

3. DAMIÃO DE GOES, *op. cit.*, 4e partie, c. IV, p. 452.

avait toujours parfaitement réussi ; du reste ses entreprises multiples en Afrique et en Asie l'absorbaient
de plus en plus, exigeant sans cesse de nouveaux
sacrifices en hommes et en argent.

Alphonse d'Albuquerque continuait aux Indes l'accomplissement de l'œuvre colossale de conquête et
d'assimilation dont son merveilleux génie avait conçu
le projet. Personne mieux que lui n'a jamais appliqué
la sage politique de « la main de fer dans un gant de
velours » ; se faisant craindre et aimer à la fois des
indigènes, il avait acquis sur tous les monarques
d'Orient un ascendant qui se traduisait par un respect
général pour le nom portugais ; toujours en mouvement,
construisant partout des forteresses, plaçant partout
des garnisons, se transportant avec une rapidité
incroyable en tous lieux où les circonstances récla-
maient sa présence soit pour dompter une révolte ou
rendre la justice, sa vice-royauté peut être considérée
à juste titre comme l'âge d'or de la domination portugaise aux Indes. Malheureusement, il ne fut pas
toujours secondé par ses capitaines comme il aurait
dû l'être ; son incontestable supériorité suscita contre
lui de basses jalousies, d'irréconciliables haines et
— il est triste de devoir le constater — le Roi se
laissa influencer contre lui par les viles intrigues de
son entourage. L'ingratitude de Dom Emmanuel con-

tribua à abréger les jours de ce grand homme, dont la santé s'était épuisée dans le service de la patrie. Lorsque, le 16 décembre 1515, Alphonse d'Albuquerque rendit son âme à Dieu, la puissance portugaise en Orient reçut son coup de mort.

Sans doute, ses successeurs accomplirent encore plus d'une découverte et d'un haut fait de guerre [1], mais l'absence totale chez eux d'une ligne de politique quelconque [2], préluda à la décadence qui se précipita sous le règne suivant.

Pendant ce temps un renouveau d'activité marquait l'action portugaise au Maroc, où les expéditions contre les infidèles se multipliaient sans cesse sous le commandement de capitaines tels que Lopo Barriga, Nuno Fernandez d'Athayde, Dom Jean de Menezes, Nuno de Mascarenhas et tant d'autres encore. Les chroniqueurs portugais abondent en détails sur les péripéties de ces brillantes « guerrillas » africaines auxquelles prenait part la fine fleur de la noblesse du royaume.

Léon X suivait avec un intérêt extrême les progrès des armes portugaises contre les Maures, en raison du bénéfice qui en résultait pour la Religion, et il ne laissait passer aucune occasion de prouver à Dom Emma-

---

1. Particulièrement notable est l'annexion de Ceylan accomplie par le nouveau vice-roi Lopo Soares d'Albergaria, en 1518.
2. PINHEIRO CHAGAS, *op. cit.*, t. V, p. 28.

nuel combien vive et sincère était sa reconnaissance
envers lui. Ce fait est amplement confirmé par les
documents nombreux et caractéristiques qui émanèrent
à cette époque de la chancellerie pontificale, documents qui, pour la plupart, ne faisaient qu'étendre ou
amplifier les concessions accordées naguère aux
ambassadeurs d'obédience.

Dès son arrivée dans la Ville Éternelle, Dom Miguel
da Silva eut la satisfaction d'obtenir le renouvelle-
ment du privilège de la « croisade » pour la continuation de la guerre contre les infidèles [1], et un engagement formel de la part du Pontife que le droit de
percevoir les tierces et les décimes des revenus ecclésiastiques récemment accordé au Roi dans le même
but, ne serait ni révoqué ni modifié de quelque façon
que ce fût [2]; bien plus, le Pape relevait Dom Emma-

---

1. Bulle *Exigit tua erga nos*, 27 février 1515, Archives de Torre
do Tombo, maço 22 de Bullas, n° 26. *Corpo Diplomatico Portuguez*,
loc. cit., p. 311. *Quadro elementar*, etc., loc. cit., p. 204.

La « croisade » avait été accordée pour une période de deux
années ; ce délai écoulé, Miguel da Silva s'efforça d'obtenir une nouvelle prorogation d'un an, il y arriva, non sans difficulté. Lettre de
Miguel da Silva au Roi, 15 avril 1517. *Corpo Diplomatico Portuguez*,
loc. cit., p. 427. *Quadro elementar*, etc., loc. cit., p. 228. Bulle *Redemp-
tor Noster*, 13 avril 1517, Archives de Torre do Tombo, maço 20
de Bullas, n° 33. *Corpo Diplomatico Portuguez*, loc. cit., p. 412.
Quadro elementar, etc., loc. cit., p. 227.

2. a) Cette bulle fut en quelque sorte complétée par le bref
adressé, le 8 mars suivant, à Mgr Antonio Pucci, nonce en Portugal,
par laquelle ce prélat était chargé d'instruire les procès des digni-

nuel de la parole qu'il avait donnée, lors de l'obtention de cette grâce, de prélever une somme de cinquante mille ducats sur le rendement de cet impôt

taires qui se montreraient réfractaires au payement de cette imposition ; faculté lui était en même temps donnée de punir les coupables. V. le bref *Cum alias archiepiscopus*, Archives de Torre do Tombo, maço 22 de Bullas, nº 23. *Corpo Diplomatico Portuguez*, loc. cit., p. 318. *Quadro elementar*, etc., loc. cit., p. 206.

b) La bulle *Dudum cum ob gravia*, envoyée au Roi, le 16 juin de la même année, portait la commutation des tierces à percevoir en une dîme sur tous les revenus des églises, chapitres, monastères et autres bénéfices ecclésiastiques pendant tout le temps que durerait la guerre en Afrique. Archives de Torre do Tombo, maço 22 de Bullas, nº 49. *Corpo Diplomatico Portuguez*, loc. cit., p. 341. *Quadro elementar*, etc., loc. cit., p. 211.

c) Non moins importants sont deux autres brefs, datés de juillet de cette année, adressés l'un et l'autre à Mgr Paolo de Citladinis qui, depuis peu, avait remplacé Mgr Antonio Pucci, comme nonce à Lisbonne.

Par le premier, Léon X ordonnait à son représentant de mettre à la disposition du Roi la moitié de la somme qui était destinée à la construction de la basilique de Saint-Pierre. (Je ne suis pas à même d'indiquer la provenance de la somme en question.) Bref *Hodie per alias nostras*, 25 juillet 1515, Archives de Torre do Tombo, maço 22 de Bullas, nº 22. *Corpo Diplomatico Portuguez*, loc. cit., p. 346. *Quadro elementar*, etc., loc. cit., p. 212.

Par le second, le Pape abordait un point plus délicat : informé de ce que les évêques portugais se disposaient à envoyer des délégués à Rome en vue d'obtenir que le Saint-Siège annulât la concession des tierces et décimes octroyées au Roi pour la continuation de la guerre d'Afrique, il lui enjoignait d'ouvrir une enquête sévère à ce sujet, observant que ce procédé n'avait pour cause véritable que l'obstination et l'esprit de désobéissance de ces prélats « qui auraient dû être les premiers à coopérer à la propagation de la foi »..... Bref *Cum anno superiori*, 26 juillet 1515, Archives de Torre do Tombo, maço 37 de Bullas, nº 78. *Corpo Diplomatico Portuguez*, loc. cit., p. 349. *Quadro elementar*, etc., loc. cit., p. 212.

spécial pour contribuer à la construction de la basilique de Saint-Pierre [1].

Enfin, toujours en vue de concourir aux dépenses extraordinaires occasionnées à Dom Emmanuel par la guerre contre les infidèles, il lui attribua l'héritage considérable du cardinal Georges da Costa († à Rome le 19 septembre 1508) [2] se bornant à en retenir la cinquième partie pour la continuation des travaux de la basilique Vaticane [3]. En octroyant au roi de Portu-

d) Une entente étant intervenue l'année suivante entre le Roi et les évêques, aux termes de laquelle le Souverain s'engageait à ne plus prélever à l'avenir les tierces et les décimes ecclésiastiques pour la guerre contre les infidèles, moyennant le versement de la part des prélats de 153.000 ducats ou *cruzados*, le Pape y donna son approbation par la bulle *Hiis que pro personarum*, 25 juillet 1516, Archives de Torre do Tombo, maço 20 de Bullas, n° 35. *Corpo Diplomatico Portuguez*, loc. cit., p. 381. *Quadro elementar*, etc , loc. cit., p. 220.

1. Bulle *Insinuante Dilecto*, 28 février 1515, Archives de Torre do Tombo, maço 22 de Bullas, n° 12. *Corpo Diplomatico Portuguez*, loc. cit., p. 314. *Quadro elementar*, etc., loc. cit., p. 205.

2. Il existe une intéressante relation de la mort et des funérailles de cet illustre cardinal portugais, qui joua à Rome un rôle si considérable (V. plus haut p. 33), dans le journal de PARIS DE GRASSIS, Archives du Vatican, *Diariorum*, t. VII, f. 311.

3. Bref *Ex nonnullorum relatione*, 26 juillet 1515, Archives de Torre do Tombo, maço 13 de Bullas, n° 3. *Corpo Diplomatico Portuguez*, loc. cit., p. 347. *Quadro elementar*, etc., loc. cit., p. 212.

La mention répétée de la réédification de la basilique de Saint-Pierre dans ces deux documents adressés au roi de Portugal n'est pas dépourvue d'intérêt.

Cette œuvre colossale, entreprise par Jules II, tenait vivement à cœur au pape Léon X. Donner au prince des Apôtres un temple digne de lui en cette Rome où il était venu établir le siège de l'Église

gal ces concessions diverses, Léon X loin de croire qu'il lui faisait une grâce, considérait qu'il accomplissait simplement un des devoirs les plus sacrés inhérents à sa qualité de chef de la Chrétienté. Il voyait, non sans raison, en Dom Emmanuel, le champion par excellence de l'Église du Christ et en ses expéditions guerrières des « croisades », dans toute la force du terme. Ceci explique la préoccupation constante qui hantait son esprit de donner au monarque portugais

de Jésus-Christ était un idéal véritablement digne d'un esprit aussi élevé que celui de ce Pontife. Aussi est-il naturel qu'il ait déployé un zèle extraordinaire dans l'accomplissement de cette grandiose entreprise. Mais les travaux absorbaient des sommes fabuleuses auxquelles le trésor pontifical était impuissant à pourvoir. Il fallait à tout prix trouver d'abondantes ressources et le moyen qu'imagina Léon X n'avait rien que de très légitime : comme il s'agissait, en réalité, d'une œuvre pie, il songea à faire appel à la coopération des fidèles du monde entier, promettant des Indulgences à tous ceux qui donneraient de l'argent pour ce but éminemment religieux. Des collecteurs furent envoyés dans tous les pays avec les facultés nécessaires pour recevoir les offrandes et accorder les Indulgences.

Malheureusement, tous les fonctionnaires chargés de cette mission délicate ne correspondirent pas à la confiance que le Souverain Pontife avait placée en eux. D'aucuns commirent les abus les plus flagrants et suscitèrent de violentes protestations contre le Saint-Siège dont ils se montraient les indignes représentants.

Ce fait fournit aux fauteurs de la soi-disant Réforme, Martin Luther en tête, une arme dont ils se servirent avec la mauvaise foi dont ils avaient le secret; au lieu de condamner les abus des collecteurs infidèles, ils firent remonter la responsabilité de leurs exactions et du commerce odieux des Indulgences qu'ils faisaient de leur propre chef, au Pontife lui-même et à l'Église catholique.

des témoignages de déférence personnelle, tout en favorisant de son mieux toutes ses entreprises.

Depuis longtemps déjà, Dom Emmanuel désirait qu'un de ses fils fût revêtu de dignités ecclésiastiques ; nous avons vu les négociations auxquelles donna lieu la demande du chapeau cardinalice pour l'infant Dom Luiz sous le pontificat précédent.

Par un bref daté du 27 février 1515 [1], le Pape informa Dom Emmanuel de son intention de conférer le premier siège épiscopal vacant en Portugal, à son quatrième fils, l'infant Dom Affonso, alors âgé de huit ans seulement [2], sous la réserve, cependant, qu'un autre titulaire serait nommé d'abord, au cas où la vacance se produirait avant que le Prince n'ait atteint sa vingt-septième année, âge fixé par le concile du Latran pour la collation des titres épiscopaux.

Dom Miguel da Silva ne manqua pas d'informer son Souverain des circonstances qui avaient présidé à l'arrangement de cette affaire : dans un consistoire tenu par le Pontife à cet effet, il avait été convenu qu'une exception, en faveur des « fils de rois », serait

1. Bref *Veniens dilectus filius*, Archives de Torre do Tombo, maço 29 de Bullas, n° 37. *Corpo Diplomatico Portuguez*, loc. cit., p. 312. *Quadro elementar*, etc., loc. cit., p. 204.

2. Le document pontifical est erroné en donnant huit ans à l'infant Dom Affonso qui, né à Evora le 23 avril 1509, ne pouvait avoir par conséquent que six ans non encore révolus en février 1515.

faite à la règle établie par le concile du Latran d'après laquelle les sièges épiscopaux ne pourraient désormais être attribués à des personnes âgées de moins de vingt-sept années révolues. L'ambassadeur ajoutait que le bruit circulait à Rome que cette innovation avait été décidée en vue de donner satisfaction à Sa Majesté et que l'initiative en avait été prise par le Pape et les cardinaux de Médicis et des Santi Quattro (Lorenzo Pucci), auxquels il suggérait au Roi d'écrire pour les remercier [1].

De son côté le cardinal de Médicis, — qui avait sans doute ses raisons pour chercher à se ménager les bonnes grâces du monarque portugais, — s'était empressé de lui écrire pour l'assurer de son dévouement, tout en lui faisant part des démarches qu'il avait faites auprès du Pape afin que Sa Majesté fût contentée au sujet de la « croisade » et de l'affaire de la mitre de l'Infant [2].

Comme si ces assurances n'eussent pas suffi, Léon X adressait bientôt après un nouveau bref à Dom Emmanuel où il lui disait qu'en considération des services éminents qu'au mépris de dangers et de sacri-

---

1. Lettre de Dom Miguel da Silva au Roi, 31 mars 1515. *Corpo Diplomatico Portuguez*, loc. cit., p. 321. *Quadro elementar*, etc., loc. cit., p. 207.

2. Lettre du cardinal de Médicis, 1er mars 1515. *Corpo Diplomatico Portuguez*, loc. cit., p. 315. *Quadro elementar*, etc., loc. cit., p. 205.

fices de toute sorte, il ne cessait de rendre à l'Église, il avait déterminé de conférer une dignité ecclésiastique à son fils lorsque celui-ci serait un peu plus âgé [1].

Dès le mois suivant, le Pape écrivait directement à l'infant Dom Affonso, lui promettant que, nonobstant les dispositions contraires du concile du Latran et par égard pour les mérites exceptionnels acquis par le Roi, son père, envers le Siège Apostolique, il lui confierait l'administration d'une église cathédrale ou métropolitaine, à peine serait-il entré dans sa quinzième année [2].

Enfin, soit qu'il ait cédé à l'impulsion de son cœur ou — ce qui semble plus probable — à l'insistance de l'ambassadeur de Portugal, le Pape informa Dom Emmanuel, par son bref du 19 janvier 1516, de sa résolution d'élever Dom Affonso aux honneurs de la pourpre dans le premier consistoire cardinalice qu'il tiendrait, se réservant, toutefois, d'observer dans cette promotion les modalités requises par l'honneur du Saint-Siège [3].

1. Bref *Per alias nostras*, 16 juin 1515, Archives de Torre do Tombo, maço 29 de Bullas, n° 41. *Corpo Diplomatico Portuguez*, loc. cit., p. 346. *Quadro elementar*, etc., loc. cit., p. 211.

2. Bref *Cum Carissimus in Christo*, 26 juillet 1515, Archives de Torre do Tombo, maço 31 de Bullas, n° 29. *Corpo Diplomatico Portuguez*, loc. cit., p. 352. *Quadro elementar*, etc., loc. cit., p. 213.

3. Bref *Alias Majestas tua*, Archives de Torre do Tombo, maço 22 de Bullas, n° 1. *Corpo Diplomatico Portuguez*, loc. cit., p. 363. *Quadro elementar*, etc., loc. cit., p. 216.

Un an ne s'était pas encore écoulé que Dom Pedro, évêque da Guarda, étant venu à mourir, Léon X mit sa première promesse à exécution, attribuant ce diocèse à Dom Affonso. Il porta cet acte à la connaissance du Roi par le bref *Gratiæ divinæ premium*, du 10 septembre 1516, dans lequel il recommandait le jeune prélat et son diocèse à la bienveillance du Souverain [1].

Cependant, de graves événements se produisaient dans les États de l'Église : l'attitude plus qu'équivoque prise par Francesco-Maria de la Rovère, duc d'Urbin et neveu de Jules II, en diverses circonstances, avait décidé le Pape à lancer contre lui les foudres de l'excommunication. Une expédition dirigée contre ce redoutable vassal par Laurent de Médicis avait rapidement abouti à la conquête du duché, dont le Pape donna l'investiture à l'heureux vainqueur (1516).

Mais, Francesco-Maria, profitant de la première occasion qui se présenta à lui pour lever une armée, se mit en campagne dès le mois de juin de l'année suivante et, en quelques semaines, reprit possession de son fief. Léon X, profondément impressionné par ce dénouement imprévu, se mit en mesure de reprendre l'offensive et adressa un appel pressant à tous les

---

1. Archives de Torre do Tombo, maço 21 de Bullas, n° 8. *Corpo Diplomatico Portuguez*, loc. cit., p. 387. *Quadro elementar*, etc., loc. cit., p. 221.

princes chrétiens, sollicitant leur appui contre son
rebelle vassal [1]. Le bref qu'il adressa dans ce sens à
Dom Emmanuel porte la date du 19 juin [2].

La guerre se poursuivit pendant plusieurs mois
encore avec des alternatives de succès et de revers
pour les armes pontificales; finalement, les rois de
France et d'Espagne ayant rappelé ceux de leurs sujets
qui combattaient sous les drapeaux du fier neveu de
Jules II, celui-ci se vit réduit à toute extrémité et dut
accepter les conditions qui lui furent offertes. Un traité
fut signé par lequel Francesco-Maria renonçait à son
duché, moyennant l'engagement de la part du Pontife
« que la sentence d'excommunication fulminée contre
lui serait levée, que ses sujets ne seraient point recher-
chés pour avoir pris son parti, que la duchesse sa femme
et la duchesse douairière jouiraient des domaines qui
leur avaient été assignés et qu'il pourrait lui-même
faire enlever toutes ses armes, tous ses effets mobiliers,
y compris expressément la fameuse bibliothèque formée par Frédéric son aïeul. » Il alla chercher un
refuge chez son beau-père le marquis de Mantoue [3].

Mais, tandis que la guerre d'Urbin était en pleine

1. W. Roscoe, *op. cit.*, t. III, p. 100 et suiv.
2. Bref *Gravi conditione*, Archives de Torre do Tombo, maço 29 de
Bullas, n° 31. *Corpo Diplomatico Portuguez*, loc. cit., p. 459. *Quadro
elementar*, etc., loc. cit., p. 236.
3. W. Roscoe, *op. cit.*, loc. cit., p. 111.

activité, Léon X se trouvait en présence d'un péril plus grand encore pour lui et l'institution dont il était le chef. Peu à peu, une sourde hostilité contre le Pape avait commencé à se manifester dans le sein même du Sacré Collège dont la plupart des membres résidant en curie lui étaient plus ou moins ouvertement contraires. Le souvenir des événements qui avaient affligé le pontificat précédent était encore trop frais dans tous les esprits pour ne pas faire redouter l'explosion de nouvelles révoltes, voire même d'un schisme.....

La saisie d'une correspondance échangée entre le cardinal Alfonso Petrucci, du titre de Saint-Théodore et son secrétaire Antonio Nino, révéla l'existence d'un complot ourdi contre la vie du Pontife par ce cardinal avec quelques autres membres du Sacré Collège.

L'arrestation de Petrucci et celle du cardinal Bandinello Sauli, du titre de Sainte-Marie-au-Transtévère, immédiatement convaincu de complicité avec le criminel cardinal de Sienne, fournit au Pape la clef de la conjuration. Baptiste Vercelli, chirurgien de renom, avait accepté d'empoisonner Léon X en le soignant d'un mal dont il souffrait. « Sachant bien que tous les cardinaux s'efforceraient de soustraire à un châtiment dont la honte rejaillirait sur tout le Sacré Collège ceux de leurs frères qui s'étaient rendus coupables, Léon X fit part officiellement à tous les souverains de l'Europe des mesures qu'il avait prises [1]». Le bref qu'il adressa au roi de Portugal est daté du 19 mai 1517 [2].

La culpabilité du cardinal Riario, doyen du Sacré Collège — plus connu sous le nom de cardinal di San Giorgio — ne tarda pas à être également découverte : arrêté au moment où il se rendait à l'audience du Pape il fut envoyé rejoindre ses tristes collègues dans les cachots du château Saint-Ange. Mais ce n'était pas encore tout : la torture infligée à Vercelli et à Nino, les infâmes sicaires qui avaient assumé la mission d'assassiner le Pape, leur fit révéler les noms de deux autres membres du Sacré Collège qui avaient trempé dans le complot.

Pressés de se disculper, dans le consistoire qui fut tenu au Vatican le 8 juin, le cardinal Adrien de Corneto, du titre de Saint-Chrysogone, et François Soderini, communément appelé le cardinal de Volterre, finirent par avouer leur faute.

Petrucci paya de sa vie son odieux projet; ses complices s'en tirèrent avec la dégradation, l'exil et de fortes amendes [3]. Il est naturel que, dans ces conditions,

---

1. W. Roscoe, *op. cit.*, loc. cit., p. 116.

2. Bref *Nulla res est*, Archives de Torre do Tombo, maço 36 de Bullas, n° 56. *Corpo Diplomatico Portuguez*, loc. cit., p. 448. *Quadro elementar*, etc., loc. cit., p. 234.

3. W. Roscoe, *op. cit.*, loc. cit., p. 124. Ces événements furent portés à la connaissance du roi de Portugal, par son ambassadeur, en

entouré d'ennemis de toutes parts, Léon X ait voulu, en faisant entrer dans le Sacré Collège des éléments de toute confiance, se créer un parti puissant, dont le concours dévoué lui permît de gouverner en paix [1]. C'est ainsi que, dans le consistoire du 1er juillet, il éleva aux honneurs de la pourpre trente et un personnages italiens et étrangers, tous éminents par leurs vertus, leur science ou leur nom. L'infant Dom Affonso fut compris dans cette promotion [2] — la plus nombreuse qu'aucun pontife ait jamais faite, — avec la condition qu'il ne revêtirait toutefois les insignes du cardinalat qu'à l'âge de quatorze ans ; Léon X avait accompli sa seconde promesse.

Le jour même du consistoire, Dom Miguel da Silva écrivit au Roi et au Secrétaire d'État pour leur faire part de cette bonne nouvelle [3].

Ce n'est que l'année suivante, au mois de mars, que la barrette fut envoyée à l'Infant qui avait reçu le titre diaconal de Sainte-Lucie *in Septizonio*. Dom

---

deux lettres respectivement datées du 1er juillet et du 16 octobre 1517. V. *Corpo Diplomatico Portuguez*, loc. cit., p. 469 et p. 491. *Quadro elementar*, etc., loc. cit., p. 238 et p. 242.

1. G. Novaes, *op. cit.*, t. VI, p. 178.

2. Archives du Vatican, Paris de Grassis, *Diariorum*, t. IX, f. 45-47. *Creatio Cardinalium novorum numero XXXI. Die mercurii prima Julii, n° XXX Alphonsus Infans Portugalliæ annorum septem absens.....*

3. Lettres de Dom Miguel da Silva au Roi et au Secrétaire d'État, 1er juillet 1517. *Corpo Diplomatico Portuguez*, loc. cit., p. 472 et suiv. *Quadro elementar*, etc., loc. cit., p. 239.

Manuel de Noronha, camérier de Sa Sainteté[1] qui résidait à Rome depuis plusieurs années déjà et jouissait, à ce qu'il paraît, de l'estime particulière du Pontife et du Roi[2], reçut la mission de la lui porter. Il fut muni d'un bref, adressé à l'archevêque de Lisbonne et aux évêques de Lamego et de Funchal, dans lequel le Pape, tout en faisant part à ces prélats de l'élévation de l'Infant au cardinalat, les chargeait d'accomplir la cérémonie de l'imposition de la barrette, après avoir fait prêter au Prince le serment prescrit par les constitutions[3].

1. Il y a dans les Archives du Vatican, arm. 39, t. XXXI, Brevia Leonis X 1515-1518, un bref en date du 18 septembre 1515 où Manuel de Noronha est qualifié de *familiaris et cubicularius*.

2. Ce prélat était investi de commanderies de l'Ordre de Saint-Jean de Jérusalem en Portugal et de divers autres bénéfices ainsi qu'il résulte du bref *Licet dudum* adressé par le Pape à Dom Emmanuel, le 20 septembre 1516. Archives de Torre do Tombo, maço 36 de Bullas, n° 55. *Corpo Diplomatico Portuguez*, loc. cit., p. 388. *Quadro elementar*, etc., loc. cit., p. 221. Dans une lettre adressée par Dom Emmanuel à son ambassadeur près le Saint-Siège, le 3 août 1517, il lui disait avoir attribué à Dom Manuel de Noronha le monastère de S. Thyrso. *Corpo Diplomatico Portuguez*, loc. cit., p. 477. *Quadro elementar*, etc., loc. cit., p. 240. De son côté, le Pape, en chargeant le prélat en question de porter la barrette cardinalice à l'Infant, lui remettait un bref pour le Roi dans lequel il priait Sa Majesté de lui conférer le premier bénéfice qui serait vacant dans son royaume. Bref *Nuper monasterium*, 9 mars 1518. Archives de Torre do Tombo, maço 29 de Bullas, n° 24. *Corpo Diplomatico Portuguez*, Lisboa 1865, t. II, p. 5. *Quadro elementar*, etc., loc. cit., p. 247.

3. Bref *Cum nuper respicientes*, 10 mars 1518, Archives de Torre do Tombo, maço 31 de Bullas, n° 18. *Corpo Diplomatico Portuguez*, loc. cit., p. 5. *Quadro elementar*, etc., loc. cit., p. 247.

Ainsi Dom Emmanuel qui, cinq années auparavant, s'était heurté à la rude volonté de Jules II qui n'avait pas consenti à revêtir de la pourpre les épaules enfantines de Dom Luiz, alors âgé de six ans seulement, obtint de la condescendance de Léon X cette dignité suprême pour Dom Affonso, qui n'en avait que sept [1].....

Désormais il semblait que Léon X pût s'adonner en tout repos à son goût passionné pour la littérature et les arts dont, à l'exemple de son père, Laurent le Magnifique, il s'était toujours montré le Mécène aussi munificent qu'éclairé. Débarrassé de tous ses ennemis intérieurs qu'il avait écrasés ou au moins mis hors d'état de lui nuire, il ne devait plus craindre aucune surprise de l'extérieur depuis un an déjà que la paix la plus complète régnait entre les princes chrétiens.

Toutefois, la sérénité de l'horizon politique de l'Europe ne devait pas tarder à s'obscurcir de nouveau : de sombres nuages, pleins de menaces, commençaient, en effet, à s'amonceler du côté de l'Orient.

---

1. L'ambition de Dom Emmanuel pour son fils était véritablement insatiable. Dom Affonso avait à peine été créé cardinal que le Roi chargeait son ambassadeur à Rome de faire tout son possible pour lui faire attribuer le siège archiépiscopal de Tolède. V. à ce sujet les curieuses instructions envoyées par le Roi à Dom Miguel da Silva en date du 4 décembre 1517. *Corpo Diplomatico Portuguez*, t. 1, p. 498. *Quadro elementar*, etc., loc. cit., p. 244.

Les guerres engagées par les Turcs contre les Persans, d'abord, et les Mamelucks, ensuite, avaient ralenti depuis cinq ans les progrès des armes ottomanes en Europe [1], mais les monarques occidentaux, au lieu d'en profiter pour faire une diversion, qui eût peut-être écarté pour toujours le péril musulman, étaient demeurés sourds aux appels répétés du Pontife en ce sens [2].

Or, ce qui devait arriver advint fatalement : maître du Kurdistan, du Diarbékir, de la Mésopotamie et de la Syrie, en Asie, de l'Égypte, de la Tripolitaine, de la Tunisie et de l'Algérie, en Afrique, Sélim Ier ne songea bientôt plus qu'à reprendre en Europe la série des succès qui avaient couronné naguère les armes de son aïeul Mahomet II et de son père Bajazet II. Il

---

1. V. Halil Ganem, *Les Sultans ottomans*. Paris, 1901, t. I, ch. x, p. 164 et suiv.

2. Dès l'année 1514, lorsque les premières nouvelles des victoires du Turc contre le Sophi de Perse parvinrent à Rome, le Pape invita tous les princes chrétiens à former une ligue contre l'ennemi commun. V. la lettre de Jean de Faria à Dom Emmanuel. 5 novembre 1514. *Corpo Diplomatico Portuguez*, t. I, p. 298. *Quadro elementar*, etc., loc. cit., p. 200. Le 14 décembre de l'année suivante, le Pape attirait l'attention du roi de Portugal sur le péril imminent et l'engageait à tourner ses armes contre le Turc. Bref cité par Raynald dans ses *Annales*, sub anno 1515, n° 38.

Les brefs adressés dans le même but par Léon X au cours de l'année 1516, révèlent combien le Pape était au courant du véritable état des choses et comment il faisait tout ce qui dépendait de lui pour chercher à y porter remède.

procéda avec une activité extraordinaire à l'équipement d'une flotte formidable au commandement de laquelle il appela le célèbre pirate lesbien Barberousse, le plus illustre marin de son temps.

Cependant, le roi de Hongrie et les habitants de la Dalmatie et de la Croatie imploraient le Pontife de leur envoyer des secours ; les Turcs les serraient toujours de plus près « et ils ne pouvaient maintenir leur indépendance que par un état de guerre perpétuel et terrible [1] ».

En outre, avant de se séparer les Pères du concile du Latran, avertis du danger imminent qui menaçait la Chrétienté, avaient décidé, dans la dernière session (16 mars 1517), que la guerre générale contre les Turcs devait être entreprise sans retard [2].

Léon X n'avait certainement pas besoin d'être incité à continuer la prédication de la « guerre sainte » dont les pontifes qui l'avaient précédé sur le trône de Pierre lui avaient légué la tradition ; la correspondance échangée entre lui et les principaux monarques d'Europe, depuis le commencement de son règne, démontre surabondamment le zèle qu'il avait toujours

1. W. Roscoe, *op. cit.*, t. III, p. 387.
2. Bref *Heri, qui dies*, 17 mars 1517, adressé par le Pape à Dom Emmanuel. Archives de Torre do Tombo maço 31 de Bullas, nº 22. *Corpo Diplomatico Portuguez*, loc. cit., p. 409. *Quadro elementar*, etc., loc. cit., p. 227.

déployé en vue de former une ligue contre l'ennemi commun ; néanmoins, il n'est pas douteux que le vœu émis en ce sens par les Pères du concile n'ait contribué à aiguiser son énergie quelque peu émoussée par la tiédeur coupable des souverains catholiques.

Faisant allusion aux préparatifs de guerre contre les infidèles ordonnés par Léon X, Ranke n'a pas hésité à affirmer que « ce n'était pas à l'intérêt chrétien qu'il songeait, à la conquête du Saint-Sépulcre ; son espoir était de retrouver les écrits des Grecs qui avaient été perdus, et peut-être même ceux des Romains [1] ». Jamais calomnie plus flagrante n'est sortie de la plume du célèbre écrivain protestant, toujours prêt à trouver un pontife en défaut ; ne sachant comment amoindrir la beauté du geste de ce pape se levant seul, au milieu de l'indifférence générale, pour crier gare! à l'Europe en danger, il l'attribue à un mobile égoïste dont la futilité extrême suffit, heureusement, à en démontrer toute la fausseté. Et dire que c'est ainsi que l'on écrit l'histoire !

Au commencement de l'année suivante, le Pape reçut des lettres de l'empereur Maximilien et des rois de France et d'Espagne, qui lui manifestaient l'intention, non seulement de mobiliser leurs armées contre

---

1. L. Ranke, *Histoire de la Papauté*, trad. française, Bruxelles, 1844. t. I, p. 88.

le Turc, mais encore d'en prendre le commandement en personne ; ils l'engageaient, en outre, vivement à proclamer la paix ou au moins une trêve générale entre les princes chrétiens, afin de faciliter cette entreprise grandiose.

Léon X crut son rêve sur le point de se réaliser. Le cœur en joie, il s'empressa d'écrire à Dom Emmanuel pour l'informer de ces choses et lui demander son adhésion à la ligue, lui rappelant les promesses qu'il lui avait faites antérieurement [1] ; il lui annonçait, enfin, la publication imminente d'une trêve de cinq années, et l'envoi de légats *a latere* à tous les souverains pour décider avec eux les détails de la campagne prochaine [2].

Dans le consistoire qui eut lieu le 3 mars, le Pape, après avoir prononcé un discours enflammé faisant appel à la coopération de tous les chrétiens à la « guerre sainte », publia solennellement la trêve, pro-

1. La lettre du roi de Portugal contenant ces promesses ne nous est point parvenue, néanmoins son existence ne saurait être mise en doute, les termes de la réponse que lui adressa le Pape étant catégoriques à ce sujet. V. le bref *Quæ nobis dilectus*, 2 mars 1515, Archives de Torre do Tombo, maço 29 de Bullas, n° 38. *Corpo Diplomatico Portuguez*, loc. cit., p. 316. *Quadro elementar*, etc., loc. cit., p. 206.

2. Bref *Cum ex litteris*, 4 mars 1518, Archives de Torre do Tombo, maço 34 de Bullas, n° 16. *Corpo Diplomatico Portuguez*, t. II, p. 1. *Quadro elementar*, etc., loc. cit., p. 246.

nonçant contre ceux qui la rompraient la peine de l'excommunication [1].

Dès le 21 du même mois, le Saint-Père adressa un nouveau bref au roi de Portugal, lui annonçant la publication de la trêve qu'il le priait de ratifier afin que les autres monarques, imitant son exemple, se disposassent à se mettre en guerre le plus tôt possible [2].

Léon X procéda sans retard à la désignation des légats : le cardinal Bernard de Bibbiena fut envoyé en France, Laurent Campeggio en Angleterre, Ægidius de Viterbe en Espagne et Alexandre Farnèse auprès de l'Empereur. « Ces légats étaient pourvus des instructions les plus amples et avaient ordre de déclarer que le seul objet que le Souverain Pontife se proposât, était de pourvoir à la sûreté générale de l'Europe, et de veiller à la conservation et à la dignité de l'Église chrétienne [3]. »

Des prières publiques et des cérémonies religieuses furent ordonnées par le Pape pour solliciter la protection céleste en faveur de la croisade ; elles furent célébrées à Rome avec une solennité extraordinaire.

1. V. les détails relatifs à ce consistoire dans le journal de Paris de Grassis, Archives du Vatican, *Diariorum*, t. IX, f. 126.

2. Bref *Cum Majestas tua*, Archives de Torre do Tombo, maço 29 de Bullas, n° 18. *Corpo Diplomatico Portuguez*, loc. cit., p. 7. *Quadro elementar*, etc., loc. cit., p. 248.

3. W. Roscoe, *op. cit.*, loc. cit., p. 389.

Le 2 octobre 1518, un traité fut conclu entre les rois d'Angleterre, de France et d'Espagne établissant la ligue dont le Souverain Pontife fut déclaré le chef[1]. Il n'y avait donc plus qu'à marcher de l'avant, à lancer contre le Turc les forces colossales dont disposaient les alliés, à le culbuter hors d'Europe. Mais il semblait que, hormis le Pape, personne n'eût hâte de prendre contact avec les armées de l'Islam ; on perdit un temps infini en préparatifs plus ou moins illusoires.

Sur ces entrefaites, un événement considérable se produisit : la mort de l'empereur Maximilien (12 janvier 1519). Sa succession ouverte détourna aussitôt de l'Orient les yeux du roi d'Espagne, qui n'y étaient, du reste, que très vaguement fixés ; Charles ne songea plus désormais qu'à faire valoir ses droits à la couronne impériale et François Ier, qui ne voyait pas sans crainte l'éventualité de cette solution, résolut de tout mettre en œuvre pour la lui contester.

Les électeurs, plus favorablement impressionnés par le caractère de prince allemand du fils de l'archiduc Philippe, que par l'or du roi de France, qu'ils eurent, cependant, bien garde de refuser, donnèrent leurs suffrages à Charles (28 juin 1519).

---

1. J. Dumont. Corps Universel Diplomatique du Droit des Gens. Amsterdam, 1726, t. IV, p. 266.

L'Empereur élu n'avait que dix-neuf ans à peine, mais habitué pour ainsi dire depuis l'enfance à l'exercice du pouvoir, il fit preuve, dès son avènement à la dignité impériale, des rares qualités de gouvernement qui, en près de quarante années de règne, ne se démentirent jamais et transmirent à la postérité le nom de Charles-Quint nimbé d'une auréole d'or.

C'est de son vaste empire, qui comprenait, en Europe, outre les États héréditaires de la Maison d'Autriche et les Pays-Bas, les royaumes d'Espagne, de Sicile et de Naples et toute l'étendue du nouveau continent à l'exception du Brésil, que l'on a dit, pour la première fois, que le soleil ne se couchait jamais sur ses possessions.

François Ier, dépité de son échec, espéra en prendre sa revanche les armes à la main ; il saisit avec empressement un prétexte quelconque — la Navarre que le roi d'Espagne n'avait pas rendue à la Maison d'Albret — pour entamer les hostilités (1520). Bientôt la guerre, si malheureusement rallumée, s'étendit à toutes les régions où les États de l'Empereur et du roi de France se trouvaient limitrophes.

Le roi d'Angleterre et le Pape lui-même ne purent rester neutres ; ils furent entraînés l'un et l'autre, quoique pour des motifs différents, à prendre fait et cause pour l'Empereur.

Léon X écrivit alors au roi de Portugal un bref de caractère politique de la plus haute importance ; c'est un long et violent réquisitoire contre François Ier où sont énumérés tous les méfaits de ce prince : les guerres injustes entreprises par lui précisément au moment où la Chrétienté a le plus besoin d'union pour se défendre contre les infidèles, son mépris des libertés ecclésiastiques, son refus d'entrer en guerre contre le Turc, ses réponses arrogantes, etc. Le Pontife ajoute qu'il n'a pas manqué de conjurer le roi de France de ne pas abandonner la ligne de conduite qui sied à un prince chrétien, mais cet appel a eu pour toute réponse une attaque dirigée par les troupes françaises contre la ville pontificale de Reggio qui n'a dû son salut qu'à la vaillance de ses habitants et de sa garnison.

En présence d'un pareil affront, Léon X déclare s'être allié avec l'Empereur et il invite Dom Emmanuel à prendre la défense du Saint-Siège, l'assurant qu'en s'associant à cette ligue « il ne ferait pas une chose moins agréable à Dieu qu'en poursuivant ses conquêtes sur les peuples infidèles ». Il termine en suggérant au Roi de profiter de la flotte qu'il envoyait en Italie comme escorte de l'infante D. Béatrice, fiancée au duc Charles de Savoie, pour unir ses vaisseaux aux escadres combinées du Saint-Siège et de l'Empereur afin de défendre l'Italie et les États de l'Église[1].

L'âpreté du ton constamment soutenu d'un bout à l'autre de ce document remarquable, dont je n'ai donné ici que le sens général, révèle assez sous l'influence de quelle indignation profonde le thème en fut dicté par Léon X. Et de fait, le Pape n'avait-il pas cent fois raison de se révolter contre le manque de parole du monarque français qui, le cœur léger et sans provocation aucune, rompait la trêve dont, naguère, il sollicitait lui-même la publication avec un zèle si apparent ? La faute était d'autant plus grave que le motif pour lequel, trois ans auparavant, François Ier avait réclamé la publication de la trêve, loin d'avoir perdu de sa valeur, était devenu plus impérieux que jamais par suite de l'avènement récent de Soliman Ier dont les projets belliqueux n'étaient un secret pour personne.

Rien de plus naturel que, dans ces conditions, le Pape ait accepté les offres d'alliance que lui fit l'Empereur : il n'avait pas d'autre alternative à sa disposition pour assurer l'intégrité des États de l'Église.

Toutefois, il ne semble pas que les circonstances

1. Bref *Est tuæ Serenitatis*, 12 août 1521, Archives de Torre do Tombo, maço 30 de Bullas, n° 11. *Corpo Diplomatico Portuguez*, loc. cit., p. 43. *Quadro elementar*, etc., loc. cit., p. 258.

justifiassent l'appel adressé par Léon X au roi de Portugal. Les forces de l'Empire, unies à celles du Saint-Siège et de Florence — dont, depuis la mort de son neveu, Laurent de Médicis, le Pontife avait assumé le gouvernement absolu — étaient plus que suffisantes pour tenir en échec les armées du roi de France ; du moins, tout permettait de le croire, dès lors, et les événements l'ont amplement démontré dans la suite.

Loin d'être désirable, la participation de Dom Emmanuel à la guerre fratricide qui venait d'éclater à nouveau entre les princes chrétiens, eût constitué une véritable calamité publique, car elle eût enlevé à la « guerre sainte » l'unique élément sérieux qui pouvait encore y être consacré. En invoquant le concours du souverain portugais, Léon X commit une erreur capitale, erreur d'autant moins excusable qu'il avait été lui-même témoin de l'attitude conservée par son prédécesseur Jules II, lequel, dans des circonstances autrement difficiles, ne songea pas un seul instant, ainsi que je l'ai à maintes reprises constaté, à distraire à son profit la plus infime partie des forces considérables engagées par Dom Emmanuel dans ses entreprises maritimes et dans ses guerres contre les infidèles.

On ignore, malheureusement, l'impression que produisit ce bref sur l'esprit du roi de Portugal ; car, quelques semaines seulement après l'avoir reçu, il succomba aux suites de fièvres pernicieuses que ses médecins se montrèrent impuissants à combattre [1] (13 décembre 1521) ; néanmoins, il est permis de supposer que la sagesse qui avait guidé tous ses actes au cours de son long règne, n'aurait pas abandonné Dom Emmanuel en cette conjoncture et qu'il aurait su faire comprendre au Pape, en termes respectueux et fermes à la fois, qu'alors plus que jamais son devoir l'appelait ailleurs qu'en Italie.

Cependant, les événements s'étaient précipités d'une façon extraordinaire pendant les derniers mois de cette année 1521. En Navarre, dans l'Est et dans le Milanais, partout en un mot où les adversaires se trouvaient en contact, le sort des armes s'était constamment montré contraire aux généraux de François Ier.

Prospero Colonna, que les cardinaux de Médicis et de Sion soutenaient de leur présence et de leur courage, menait rondement la campagne contre Lautrec, à la tête des troupes pontificales renforcées de quelques milliers de Suisses.

Le 19 novembre, Milan fut emportée presque sans coup férir et rendue au duc Francesco Sforza et bien-

1. PINHEIRO CHAGAS, *op. cit.*, loc. cit., p. 115.

tôt après, Parme et Plaisance retournèrent sous la juridiction du Pape.

Léon X apprit avec une joie énorme les succès aussi rapides que brillants remportés par son armée sur les troupes du roi de France.

Il s'empressa de quitter sa villa de Magliana, où il avait reçu ces heureuses nouvelles, se rendant à Rome afin d'assister en personne aux réjouissances publiques par lesquelles il voulait qu'on y célébrât son triomphe.

Mais il était à peine de retour dans la Ville Éternelle que les premiers symptômes d'une grave indisposition se manifestèrent chez lui ; ses médecins, croyant qu'il ne s'agissait que d'un gros refroidissement contracté à la campagne, le soignèrent en conséquence.

Le 1er décembre, vers sept heures, Léon X rendit subitement son dernier soupir sans qu'il fût possible de lui administrer les sacrements de l'Église.

Les historiens ne sont pas encore parvenus à démêler clairement des témoignages contradictoires des contemporains la cause véritable de cette mort subite; toutefois, il faut reconnaître que, jusqu'à preuve du contraire, la version donnée par Paris de Grassis dans son *Diario* [1], d'après laquelle le Pape aurait été

1. Archives du Vatican. PARIS DE GRASSIS, *Diariorum*, t. IX, f. 372 et suiv.

empoisonné, est encore celle qui paraît la plus invraisemblable.

Ainsi, au moment où ils avaient atteint l'un et l'autre l'apogée de leur gloire, Léon X et Dom Emmanuel mouraient prématurément à quelques jours seulement de distance.

———

III

CLÉMENT VII ET DOM JEAN III

Le fils aîné de Dom Emmanuel n'avait pas encore vingt ans [1] lorsque, sous le nom de Jean III, il dut ceindre son front de la couronne lusitane et prendre en main le sceptre à l'autorité duquel, en un siècle d'efforts aussi heureux qu'héroïques, la valeur portugaise avait soumis un gigantesque empire.

L'avènement au trône d'un prince jeune et dénué d'expérience est toujours et partout une de ces inconnues qui font trembler pour le sort d'un État ; dans le cas de Dom Jean, les appréhensions que pouvaient nourrir ses sujets, relativement à l'avenir de leur patrie et des colonies immenses qui en faisaient l'ornement et la prospérité, étaient d'autant mieux justi-

---

1. Né à Lisbonne le 6 juin 1502, du second mariage de D. Emmanuel avec l'infante D. Maria, fille de Ferdinand et d'Isabelle, D. Jean fut baptisé par D. Martinho da Costa, archevêque de Lisbonne, dont il a été question plus haut (v. p. 76) ; il eut pour parrain Pietro Pasqualigo, ambassadeur de Venise qui était venu en Portugal pour remercier le Roi des secours qu'il avait envoyés à la Sérénissime contre le Turc. V. Damião de Goes, *op. cit.*, 1re partie, ch. lxii, p. 83.

fiées que des rumeurs alarmantes sur les capacités intellectuelles de l'héritier de la couronne avaient transpiré jusqu'au dehors des cercles de la cour du vivant de son père [1].

Les premiers actes de gouvernement du jeune monarque révélèrent chez lui une sagacité et un tact qui surprirent les plus sceptiques et rassurèrent les plus timorés ; il confirma à la nation les mêmes avantages dont elle jouissait sous le règne précédent [2] et maintint à la tête des principales administrations de l'État les hommes éminents que Dom Emmanuel y avait placés [3]. Ces sages mesures ne laissaient subsister aucun doute quant à l'intention fermement arrêtée du nouveau roi de suivre en tous points la politique qui, cinq lustres durant, avait été si féconde en heureux résultats et avait fait atteindre au Portugal l'apogée de sa fortune et de sa gloire.

Il ne sera pas superflu de rappeler ici brièvement les grandes lignes de cette politique qui devait exercer dans la suite une action décisive sur les destinées de la nation portugaise : maintien, à l'intérieur, du régime absolu, abstention, à l'extérieur, de toute par-

---

1. V. à ce sujet les intéressants détails tirés des chroniques contemporaines dans PINHEIRO CHAGAS, *op. cit.*, t. V, ch. VIII, p. 135.

2. H. SCHÆFER, *op. cit.*, p. 593.

3. A. HERCULANO, *Historia da origem e estabelecimento da Inquisição em Portugal*. Lisboa, 5ᵉ éd., 1897, t. I, p. 183.

ticipation aux affaires d'Europe et extension du mouvement colonial, développement progressif des rapports avec le Saint-Siège, enfin, contractation d'alliances de famille presque exclusivement avec la Maison d'Espagne.

La première année du règne de Jean III fut marquée par une victoire remportée par le gouverneur d'Azamor, Mendez-Zacoto, sur des tribus mauresques d'Euxovie que le roi de Fez, toujours hostile aux Portugais, avait soulevées contre eux. Quelque brillant que fût ce succès, qui confirmait une fois de plus la valeur indomptable des armes lusitanes, il n'avait pas la plus légère importance au point de vue pratique.

La « croisade » contre les infidèles et la conquête du Maroc étaient, nous l'avons vu, le rêve qui avait constamment hanté le cerveau chevaleresque de Dom Emmanuel; mais, sa réalisation exigeait un déploiement de forces dont, à ce moment, le Portugal ne pouvait pas disposer. Il eût fallu, pour mener à bien une semblable entreprise, envoyer en Afrique une puissante armée qu'une flotte nombreuse eût sans cesse tenue en contact avec la mère-patrie pour en assurer le ravitaillement. Or, une expédition montée sur un pied aussi considérable n'aurait été possible que moyennant un notable ralentissement d'activité aux Indes et sur les différents points du globe où les Portugais prétendaient établir leur domination.

Il n'est guère probable que Dom Emmanuel ait envisagé un seul instant une pareille éventualité. Grisé par le succès vraiment extraordinaire qui couronnait sans cesse toutes ses entreprises, il crut pouvoir mener de front et la croisade et la soumission des Indes et la continuation des découvertes ultra-marines.

Mais, les forces humaines ont des limites : sans doute les places que les Portugais occupaient au Maroc restèrent en leur pouvoir, le nombre même en fut accru, mais la majeure partie du territoire, où campaient des tribus fanatiques et guerrières, ne fut jamais soumise à leur juridiction ; les expéditions partielles qu'à diverses reprises le grand Roi envoya contre les infidèles se couvrirent évidemment de gloire, mais elles ne parvinrent jamais à donner de résultats définitifs.

La mort de Dom Emmanuel relégua la « croisade » au rang des utopies. Jean III, qui se rendait parfaitement compte de l'inutilité d'une nouvelle tentative en ce sens, résolut, en y renonçant, de consacrer désormais tous ses efforts et toutes ses ressources à l'exploration, à la conquête et à l'exploitation des régions orientales autrement fécondes et rémunératrices que les plages marocaines.

Depuis la fin prématurée d'Alphonse d'Albuquerque, trois vice-rois s'étaient succédés à la tête du gouvernement des Indes [1] : Lopo Soares d'Albergaria, qui avait donné Ceylan à sa patrie, Diogo Lopes de Sequeira et, enfin, D. Duarte de Menezes dont la nomination n'était que de quelques mois antérieure à la mort de Dom Emmanuel. Le défaut absolu d'une ligne de politique quelconque fut, je l'ai observé plus haut [2], la caractéristique commune de l'administration de ces trois hommes qu'il serait injuste, cependant, de confondre en une même réprobation

En effet, tandis que les deux premiers rachetèrent en partie leur manque de sens politique par une bonne volonté, un courage et une intégrité supérieurs à tous éloges, D. Duarte de Menezes ne se laissa guider, en toutes circonstances, que par la préoccupation constante de s'enrichir ne reculant, pour atteindre ce but, devant aucune honte.

Par ses inqualifiables abus de pouvoir, le nouveau vice-roi irrita les susceptibilités des chefs hindous qui n'avaient jamais supporté que très à contre-cœur le joug humiliant de la domination étrangère; par sa cruauté et ses exactions il suscita au sein des populations indi-

---

1. La durée des pouvoirs des vice-rois des Indes n'était, on le sait, que de trois années seulement.
2. V. p. 134.

gènes des velléités de révolte qui se traduisirent par toute sorte de désordres étouffés dans le sang ; par ses exemples détestables il encouragea la cupidité et l'esprit d'indiscipline dont les germes existaient à l'état latent chez la plupart des capitaines portugais et que seule l'indomptable énergie d'un Alphonse d'Albuquerque avait pu parvenir à réprimer jusqu'alors.

L'énumération même sommaire des scandales qui marquèrent le gouvernement de Dom Duarte m'entraînerait trop loin : on vivait sous le régime de la corruption la plus éhontée.

Toutefois, cette période ténébreuse fut encore éclairée à de rares intervalles par de brillantes, quoique fugitives lueurs, que jetait en s'éteignant le feu sacré de la vaillance lusitane dont l'incomparable éclat avait, naguère, illuminé le monde. Le combat, par exemple, où devant Malacca, D. Sancho Henriques trouva avec ses compagnons une mort héroïque, mérite de figurer parmi les actions les plus glorieuses qui soient inscrites au livre d'or des expéditions d'outre-mer.

La distance énorme séparant les Indes du Portugal et la lenteur extrême des communications à cette époque firent que le nouveau roi n'apprit que fort tard les odieux déportements du dernier gouverneur qu'avait nommé son père ; à peine en eut-il connaissance, Jean III résolut de destituer Dom Duarte et de mettre à sa place un homme qui fût capable de remédier aux maux de son administration et, partant, de relever le prestige du Portugal si gravement compromis en Orient.

Le seul homme qui réunit l'ensemble des qualités nécessaires pour accomplir cette tâche aussi délicate qu'ardue, vivait depuis plusieurs années à peu près oublié dans l'obscure retraite où l'avait relégué la coupable ingratitude du monarque à la gloire duquel il avait le plus contribué.

Jean III fit appel au patriotisme de Vasco da Gama certain que, dans les difficultés de l'heure présente, l'illustre vieillard n'hésiterait pas à tirer du fourreau, pour le service du pays, le glaive invincible qu'il avait été prématurément contraint à y rentrer.

Muni des pouvoirs les plus étendus et accompagné de ses fils, le grand capitaine reprit, à la tête d'une flotte imposante, cette route des Indes qu'il avait tracée le premier. Le seul nom de Vasco da Gama était un talisman devant lequel Hindous et Portugais, amis et adversaires s'inclinaient avec vénération; le vice-roi eut bientôt fait de rétablir le règne de la justice et de l'ordre d'un bout à l'autre de l'empire oriental que vingt-cinq années auparavant son génie uni à son courage avait soumis à l'étendard des *quinas*.

Tout semblait faire présager une prompte renais-

sance des plus beaux jours de la domination portugaise
aux Indes; mais, la Providence en avait décidé autrement. Atteint d'une grave maladie, que les soucis
multiples de l'œuvre régénératrice confiée à ses soins
ne lui permirent pas de soigner efficacement, Vasco da
Gama mourut en la fête de Noël de l'année 1524,
quelques mois seulement après son retour en Asie.

Les dernières lueurs du rêve d'hégémonie sur
l'Orient, qui avait si doucement bercé l'âme de la
nation portugaise, furent ensevelies à jamais avec la
dépouille mortelle du grand homme sous les marbres
et les métaux précieux dont fut orné son monument
funéraire.

*
* *

Donner un successeur à Léon X n'était certes point
une tâche facile et les trente-neuf cardinaux qui
entrèrent en conclave, le 27 décembre 1521, s'en
rendirent bientôt compte. Après plusieurs jours de
votations stériles, le cardinal Jules de Médicis, auquel
était naturellement échu le rôle de grand électeur, fit
à ses collègues une proposition qui, sous une apparence téméraire, cachait une signification hautement
politique.

Les événements qui, au cours des deux dernières
années, s'étaient produits en Europe, avaient eu pour

conséquence de faire entrer le Saint-Siège en une étroite alliance avec le puissant souverain qui réunissait sur sa tête la couronne impériale et celle des Espagnes; la victoire éclatante qui, quelques jours avant la mort de Léon X, avait scellé cette alliance par la restitution à l'Église des duchés de Parme et de Plaisance en rendait la continuation plus désirable, voire même plus nécessaire que jamais.

C'est à cette considération d'ordre éminemment politique qu'obéit sans doute le cardinal de Médicis lorsqu'à l'improviste il présenta la candidature du cardinal Adrien d'Utrecht, archevêque de Tortosa, absent, étranger et qu'un nombre très restreint de membres du Sacré Collège connaissaient personnellement mais qui jouissait d'une réputation universelle de sainteté [1].

Personne mieux que le cardinal de Médicis, — qui, sous le pontificat de son cousin, avait pris une part si active à toutes les négociations diplomatiques — n'était à même de connaître les secrètes aspirations de Charles-Quint et, partant, d'assurer sa sympathie envers la cause de l'Église en provoquant l'élection d'un pape conforme à ses désirs.

Or, le jeune monarque nourrissait une affection des

1. V. L. Ranke, *op. cit.*, ch. iii, p. 101.

plus vives pour l'archevêque de Tortosa, que l'empereur Maximilien lui avait jadis donné pour précepteur et il lui avait témoigné, tout récemment encore, une confiance particulièrement significative lorsque, devant se rendre en Allemagne pour prendre possession de la dignité impériale, il le nomma gouverneur des royaumes d'Espagne[1].

Soit que les cardinaux se fussent rendu compte de l'impossibilité où ils étaient de se mettre d'accord pour l'élection d'un des candidats présents en curie, soit qu'ils eussent compris l'opportunité de donner satisfaction à l'Empereur, toujours est-il que le 9 janvier 1522, entraînés par l'impulsion inattendue qu'ils reçurent[2], ils portèrent, à l'exception du seul Franciotto Orsini, l'unanimité de leurs suffrages sur Adrien d'Utrecht.

Ce n'est que le mois suivant que le Pape élu apprit, à Vittoria où il se trouvait à ce moment, la nouvelle si peu prévue de son élévation à la tiare. Il la reçut sans enthousiasme[3], mais aussi sans pusillanimité; il

---

1. R. de HINOJOSA, *Los despachos de la diplomacia pontificia en España.* Madrid, 1896, ch. i, p. 48.

2. L. RANKE, *op. cit.*, loc. cit.

3. Ranke rapporte, d'après Burmann, la phrase suivante tirée d'une lettre qu'Adrien VI écrivait de Vittoria à un ami, le 15 février, quelques jours après avoir reçu la nouvelle de son élection : « *j'aimerais mieux,* disait-il, *servir Dieu dans mon prieuré de Loewen que d'être pape.* »

est absolument faux, ainsi que l'ont affirmé certains auteurs [1], qu'il ait réfléchi six mois avant d'accepter la charge à laquelle l'avait appelé la Providence plus encore que les votes du Sacré Collège.

Adrien VI n'attendit pas d'être arrivé à Rome pour prendre en mains la direction des affaires tant politiques que spirituelles de l'Église : à Saragosse, où il passa quelques mois avant son départ pour l'Italie, il fit d'importantes nominations [2], entama des relations directes avec les principaux monarques d'Europe [3] et fit rédiger un nombre relativement considérable de brefs et de bulles qui attestent son zèle et sa grande activité.

Le roi de Portugal, profitant de la présence momentanée du nouveau pape à proximité de ses États, s'empressa de lui dépêcher un envoyé avec mission de le féliciter en son nom de son avènement au trône pontifical, de lui remettre un don consistant en une relique de la Vraie Croix et, enfin, de solliciter de lui la concession de certaines faveurs.

---

1. MORONI, *Dizionario di erudizione storico-ecclesiastica*, vol. I, p. 103.

2. Il conféra, notamment, la charge de *dataire* à Théodoric Hezius, son compatriote et ami: V. HINOJOSA, *op. cit.*, p. 51.

3. Il existe de nombreux témoignages des rapports entre Adrien VI et l'Empereur, les rois de France, de Portugal, d'Angleterre, etc., pendant le séjour qu'il fit à Saragosse. Ce dernier lui envoya même un ambassadeur.

Cet envoyé, qui s'appelait Ayres de Sousa, reçut du Pape l'accueil le plus flatteur ; non seulement Adrien VI accéda-t-il à tous les désirs qu'il lui avait exprimés de la part de son maître, mais encore il lui déclara qu'il était disposé à faire davantage pour Sa Majesté que pour aucun autre prince, l'Église n'ayant reçu d'aucun d'eux des services comparables à ceux que lui avaient rendus les rois de Portugal.

Non moins significatif que ces expressions élogieuses est le service de caractère personnel que le Pontife chargea Ayres de Sousa de demander pour lui à son Souverain, à savoir : de mettre à sa disposition une flottille pour le transporter en Italié avec sa suite [1].

Pour quel motif Adrien VI préféra-t-il recourir à la marine portugaise plutôt qu'à celle de l'Empereur, c'est là un mystère que je laisse à d'autres le soin d'élucider.

Dom Jean s'empressa de donner satisfaction au désir du Pape, heureux de cette occasion de lui être agréable, et Adrien VI lui exprima sa reconnaissance pour le présent qu'il lui avait envoyé ainsi que pour la promptitude avec laquelle il avait répondu à son appel, par

1. Lettre d'Ayres de Sousa au Roi, Saragosse, 14 mai 1522. *Corpo Diplomatico Portuguez*, t. II, p. 72. *Quadro elementar*, etc., loc. cit., p. 271 et suiv.

deux brefs conçus dans les termes les plus affectueux [1].

C'est, on le voit, par un échange de courtoisies réci-
proques que furent renouées entre le Portugal et le
Saint-Siège les relations si brusquement interrompues
par la mort simultanée de Léon X et de Dom Emmanuel.

Lorsqu'enfin le Pape arriva à Rome (30 août 1522) [2],
il y trouva une épidémie de peste qui faisait journellement d'effroyables ravages dans la population ; il se
vit obligé de s'isoler à peu près entièrement dans une
aile de son palais, laissant en suspens la plupart des
affaires [3].

Le roi de Portugal aurait voulu lui envoyer une

1. Brefs *Incredibili letitia*, Saragosse, 14 mai 1522, Archives de
Torre do Tombo, maço 37 de Bullas, n° 2, et *Ex litteris*, 3 juin 1522,
Archives de Torre do Tombo, maço 37 de Bullas, n° 1. *Corpo Diplomatico Portuguez*, loc. cit., p. 76 et 79. *Quadro elementar*, etc., loc.
cit., p. 271 et suiv.

La lettre par laquelle D. Jean III promettait à Adrien VI de lui
envoyer la flotte demandée, refusant de laisser faire au Pape les frais
de l'armement de celle-ci ainsi qu'il avait voulu le faire, n'est point
parvenue jusqu'à nous ; il est aisé, cependant, d'en induire la teneur
d'après la réponse qu'y fit Adrien VI par le bref *Ex litteris*, plus haut
cité.

2. V. Cancellieri, *op. cit.*, ch. vii, p. 84. Il cite l'intéressant *Itine-
rarium Adriani VI*, de Biagio Ortiz.

3. Lettres de D. Miguel da Silva au Roi, Florence, 27 septembre
et 2 octobre 1522. *Corpo Diplomatico Portuguez*, loc. cit., p. 90 et 99.
Quadro elementar, etc., loc. cit., p. 277 et suiv.

ambassade d'obédience, mais D. Miguel da Silva qui continuait à remplir à Rome les fonctions d'ambassadeur ordinaire[1], crut devoir l'en dissuader en raison de l'état sanitaire de la Ville Éternelle qui avait empêché jusque-là presque tous les autres gouvernements de remplir cette formalité[2].

Cependant, un grand malheur avait frappé la Chrétienté : Soliman II, qui s'était déjà emparé de Belgrade, avait planté son étendard sur les ruines de Rhodes après un siège héroïquement soutenu par les chevaliers de Saint-Jean de Jérusalem abandonnés à leurs propres forces par l'Europe égoïste[3].

Le Pape, dont le premier acte politique avait été une tentative, — à laquelle il avait voulu associer le

1. Il s'était rendu au-devant du Pape à Livourne dans l'intention de l'accompagner à Rome, mais il ne put réaliser son projet à la suite d'une indisposition qui l'obligea à aller se reposer à Florence où il séjourna quelque temps.

2. Lettre de D. Miguel da Silva au Roi, en date du 2 octobre, plus haut citée. Adrien VI, cependant, tenait beaucoup à ce que le roi de Portugal lui envoyât une ambassade d'obédience, bien que seuls l'archiduc d'Autriche et les États italiens l'eussent fait, et cela sans grande pompe en raison des circonstances des temps. Il y fit plusieurs fois allusion dans ses conversations avec l'ambassadeur portugais. V. la dépêche de D. Miguel da Silva au Roi du 27 avril 1523; *Corpo Diplomatico Portuguez*, loc. cit., p. 143, et *Quadro elementar*, etc., loc. cit., p. 296. Voir également la dépêche du même en date du 25 mai, *Corpo Diplomatico Portuguez*, loc. cit., p. 152. *Quadro elementar*, etc., loc. cit., p. 303.

3. Halil Ganem, *op. cit.*, p. 181.

roi de Portugal [1], — en vue « d'effectuer sinon de suite la paix, du moins immédiatement une trêve de trois ans, afin de préparer pendant ce temps une expédition générale contre les Turcs [2] », fut profondément affecté par la chute de Rhodes. A plusieurs reprises il renouvela son appel aux princes chrétiens, mais ceux-ci, qui étaient constamment restés sourds aux véhémentes objurgations de Jules II et de Léon X, ne se laissèrent émouvoir ni par l'éloquence du saint Pontife, ni par la crainte d'encourir les censures ecclésiastiques [3], ni par l'imminence du péril qui menaçait désormais l'Italie elle-même [4].

1. Dans le bref *Incredibili letitia*, plus haut cité, Adrien VI avait prié Dom Jean de donner des instructions à son ambassadeur à Paris afin que celui-ci prêtât son concours au nonce afin de décider le roi de France à faire la paix.

2. L. Ranke, *op. cit.*, p. 103.

3. Adrien VI se vit forcé de recourir à la menace des foudres de l'excommunication contre les princes qui, depuis un an, refusaient de mettre fin, même momentanément, à leurs luttes fratricides pour retourner leurs armes contre le Turc. Il notifia cette détermination au roi de Portugal par le bref *Novit Deus* en date du 1er mai 1523. Archives de Torre do Tombo, maço 36 de Bullas, n° 24. *Corpo Diplomatico Portuguez*, loc. cit., p. 149. *Quadro elementar*, etc., loc. cit., p. 298.

4. Bref *Monet nos veritas*, 30 avril 1523. Archives de Torre do Tombo, maço 35 de Bullas, n° 16. *Corpo Diplomatico Portuguez*, loc. cit., p. 145. *Quadro elementar*, etc., loc. cit., p. 297. De son côté D. Miguel da Silva, dans une lettre adressée au Roi en date du 25 mai suivant, faisait mention des craintes pour la sécurité de l'Italie qu'avaient fait naître les progrès récents des armes ottomanes. *Corpo Diplomatico Portuguez*, loc. cit., p. 165. *Quadro elementar*, etc., loc. cit., p. 302.

Désespérant d'atteindre ses fins, Adrien VI fut contraint à abandonner le système de neutralité qu'il avait
adopté tout d'abord ; en effet, il finit par se rendre compte
que l'obstination de François Ier, — que le nouvel
échec subi par ses armes à la Bicoque (29 avril 1522)
et la série de revers successifs qui avaient entraîné la
défection de Gênes et de Venise, n'avaient pas encore
découragé dans ses projets de conquêtes cisalpines, —
constituait le véritable obstacle à la conclusion de la
paix ou d'une trêve quelconque. Convaincu désormais
que le seul moyen de ramener le roi de France à la
raison était de le réduire à l'impuissance par la force
le Pape adhéra formellement, le 8 août 1523, à une
ligue dont faisaient partie l'Empereur, le roi d'Angleterre, l'archiduc d'Autriche, le duc de Milan et les
républiques de Venise, Gênes et Florence [1].

Malgré la trahison du connétable de Bourbon,
François Ier envoya une armée en Italie sous les ordres
de Bonnivet : tandis que ce capitaine donnait des
preuves de singulière incapacité en Lombardie,
La Trémoïlle et Vendôme repoussaient une attaque
du comte de Suffolk dans le nord, Claude de Guise
battait les Allemands en Champagne et les Espagnols,

____

1. F. Guicciardini. *Storia d'Italia*. Éd. du prof. Giov. Rosini.
Capolago, 1837, t. VI, ch. ii, p. 157.

après s'être emparés de Fontarabie, échouaient contre Bayonne.

Les choses en étaient là lorsque le Pape tomba soudainement malade ; il mourut le 14 septembre [1], après un règne de vingt mois seulement, sans avoir pu donner un commencement d'exécution aux vastes projets de réforme qu'il avait conçus dans l'intérêt de l'Église.

Il ne m'est pas permis de m'étendre ici davantage ni sur les événements qui marquèrent le court pontificat d'Adrien VI, ni sur les relations que ce pape entretint avec le roi de Portugal [2]; je n'y ai jeté, du reste, un rapide coup d'œil que pour rendre intelligible le récit qui va suivre.

---

1. On attribua au poison la mort prématurée du Pape. V. Novaes, *op. cit.*, loc. cit., p. 215. D. Miguel da Silva informa le Roi de la mort d'Adrien VI par sa dépêche du 14 septembre. *Corpo Diplomatico Portuguez*, loc. cit., p. 174. *Quadro elementar*, etc., loc. cit., p. 308.

2. Adrien VI confia au cardinal-infant D. Affonso l'administration de l'évêché d'Evora par le bref *Gratiæ divinæ premium* du 20 février 1523 et celle de l'archevêché de Lisbonne par le bref de même titre et de même date, tous deux adressés au Roi, Archives de Torre do Tombo, maço 35 de Bullas, nᵒˢ 18 et 21 respectivement. *Corpo Diplomatico Portuguez*, loc. cit., p. 108 et suiv. *Quadro elementar*, etc., loc. cit., p. 284 et suiv.

Il concéda au Roi, après de longues et pénibles négociations, l'administration de l'Ordre du Christ, par le bref *Eximiæ devotionis affectus* du 19 mars 1523, Archives de Torre do Tombo. Gav. 7, maço 12, nᵒ 21. *Corpo Diplomatico Portuguez*, loc. cit., p. 134. *Quadro elementar*, etc., loc. cit., p. 293. V. à ce sujet la dépêche de D. Miguel da Silva en date du 15 du même mois.

*
* *

Le conclave s'ouvrit le 1er octobre et, bien que dès l'abord la candidature du cardinal Jules de Médicis semblât devoir s'imposer en raison des singuliers mérites [1] et de la haute expérience de ce prince de l'Église, elle fut, néanmoins, chaudement combattue par un parti aussi nombreux que puissant auquel l'influence française n'était pas étrangère.

Les débats furent longs et ardus [2], mais, finalement, l'adhésion du cardinal Colonna et du groupe dont il était le chef entraîna le reste du Sacré Collège ; le 18 novembre, le cardinal de Médicis fut élu par acclamation et prit le nom de Clément VII.

Représentant avéré de l'influence espagnole, qu'il avait fait triompher lors du conclave précédent par l'élection de l'archevêque de Tortosa, le nouveau pape devait moins, cependant, la sienne propre à cette circonstance qu'à ses vertus personnelles. En effet, si la composition du corps électoral était à peu près la même que lors du conclave antérieur, — Adrien VI n'ayant créé qu'un seul cardinal tout dévoué, du reste,

1. L. RANKE, qui n'est d'ordinaire pas tendre pour les pontifes romains, est obligé de s'incliner lui-même devant l'éloquence des témoignages contemporains unanimement favorables à Clément VII.
2. Ils ne durèrent pas moins de cinquante jours !

à la cause espagnole [1], — les tendances du Sacré Collège s'étaient profondément modifiées depuis lors.

Ces nouvelles tendances, qui ne firent que s'accen-
tuer dans la suite et auxquelles le Pontife lui-même se
rallia plus tard, se manifestèrent pour la première fois
d'une façon sensible dans les votations qui précédèrent
l'élection de Clément VII.

Alors que, dans le conclave précédent nous avons
vu les suffrages du Sacré Collège se porter à l'unanimité sur l'archevêque de Tortosa, — à peu près
inconnu des cardinaux électeurs, uniquement parce
que son choix devait plaire à Charles-Quint, cette fois,
au contraire, la candidature du cardinal de Médicis,
désirable à tant de points de vue différents, rencontre
une sérieuse opposition, précisément à cause des
accointances de ce personnage avec l'Empereur et, si
elle finit par triompher, c'est seulement pour des
motifs de convenance générale.

Le fait est que, pendant les vingt mois qu'avait duré
le pontificat d'Adrien VI, la situation politique en
Italie avait changé du tout au tout : l'hégémonie de la
France qu'à l'instar de ses prédécesseurs, François Ier
rêvait d'établir dans la Péninsule, avait rendu nécessaire une alliance avec les Espagnols, mais le succès

1. Guillaume d'Enkefort, originaire d'Utrecht, créé cardinal le
10 septembre 1523, quatre jours avant la mort du Pontife.

même qui avait couronné celle-ci n'avait pas tardé à
révéler aux Italiens les visées ambitieuses de l'Empereur dont le concours, loin d'être désintéressé, ne tendait à rien moins qu'à substituer sa propre suprématie à
celle de son rival. C'était toujours la vieille histoire
des guerres d'Italie : à peine le péril français semblait-
il conjuré que le péril espagnol se dessinait à l'horizon ;
de Charybde on retombait fatalement en Scylla.

Bien que l'opposition qui lui fut faite en ait consi-
dérablement diminué la portée politique, l'élection du
cardinal de Médicis ne laissait pas de constituer, au
moins en apparence, un véritable succès pour l'influence
espagnole dont il avait toujours soutenu les intérêts [1].

Pour des motifs tout à fait différents, et auxquels la
politique européenne était totalement étrangère, l'ambassadeur de Portugal avait déployé en faveur de la
candidature du cardinal de Médicis un zèle et une activité qui ne le cédaient en rien à ceux dont avait fait
preuve le représentant de Charles-Quint lui-même.

Si nous ne connaissons pas au juste les influences
et autres moyens d'action dont pouvait disposer
D. Miguel da Silva pour exercer une pression efficace

---

1. On trouve une intéressante autant qu'édifiante énumération des
services rendus par le cardinal de Médicis à la cause des Espagnols
dans une instruction qu'il adressa lui-même dans la suite au cardinal
Farnèse lorsqu'après le sac de Rome, il l'envoya en qualité de légat
auprès de Charles-Quint. V. RANKE, *op. cit.*, p. 106 et suiv.

sur le collège électoral, nous ne pouvons douter de l'utilité réelle de sa coopération en présence des témoignages de reconnaissance exceptionnellement significatifs dont Clément VII, aussitôt après sa proclamation, se plut à le combler [1].

Quant aux motifs qui déterminèrent une intervention aussi énergique de la part de l'ambassadeur portugais, on les rechercherait en vain dans le simple désir de faire une chose agréable à l'Empereur et, encore moins, dans celui de faire échec à la France [2] ; toujours fidèle à la politique abstentionniste de son père, le roi de Portugal continuait à ne pas vouloir se mêler aux affaires de l'Europe. Seules des raisons de convenance nationale poussèrent D. Miguel da Silva à favoriser la candidature du cardinal de Médicis qui, de tout temps, s'était montré l'ami fidèle et dévoué de son pays.

En effet, les relations intimes de ce prince de l'Église avec la cour de Lisbonne étaient déjà d'assez

----

1. V. plus loin, p. 184.

2. Dès le mois de mars de l'année précédente, l'Empereur avait envoyé une mission extraordinaire en Portugal pour féliciter Dom Jean III de son avènement au trône, renouveler les anciens traités existants entre les royaumes de Portugal et de Castille et tenter de négocier l'adhésion du monarque portugais à la ligue contre la France. Dom Jean III n'ayant aucun motif d'entrer en guerre avec François Ier refusa catégoriquement de prendre part à la ligue. *Quadro elementar*, etc., t. II, Paris, 1842, p. 29.

ancienne date : j'ai indiqué plus haut comment, sous le
pontificat de Léon X, alors que Dom Emmanuel s'efforçait d'obtenir du Saint-Siège qu'un évêché fût octroyé à
son fils, l'infant Dom Affonso, âgé de huit ans ans seulement, le cardinal de Médicis, d'accord avec le cardinal Lorenzo Pucci, parvint à décider le Sacré Collège à
consentir qu'une dérogation, en faveur des fils de rois,
fût faite à la règle récemment établie par le concile du
Latran, en vertu de laquelle les sièges épiscopaux ne
pourraient être attribués qu'à des personnes ayant
vingt-sept ans révolus [1].

Depuis lors, le cousin de Léon X n'avait pas cessé
d'user de son influence considérable en curie au profit
des intérêts portugais et D. Miguel da Silva, quelques
mois encore avant la mort d'Adrien VI, rappelait à
son Souverain les services éminents rendus par ce cardinal à feu son père, ajoutant qu'il était toujours son
« meilleur serviteur ». Pour cette raison, l'ambassadeur de Portugal avait suggéré au Roi l'idée de lui
conférer le titre de « protecteur » du royaume, insistant sur l'opportunité d'une semblable nomination que
justifiait le fait que tous les autres monarques avaient
des cardinaux protecteurs à Rome [2].

---

1. V. plus haut, p. 140.

2. Lettre de D. Miguel da Silva au Roi, 25 mai 1523. *Corpo Diplomatico Portuguez*, loc. cit., p. 152. *Quadro elementar*, etc., loc. cit.,
p. 302 et suiv.

Jean III ne se rendit pas compte de l'importance véritable de la proposition que lui faisait son représentant près le Saint-Siège : dans la lettre qu'il lui adressa en réponse à cette dépêche, il se borna à lui dire « que le protectorat du cardinal de Médicis n'était pas nécessaire » ; toutefois il le chargea de lui faire visite pour lui dire tout le plaisir qu'il aurait à recevoir de ses nouvelles [1]. On n'est pas plus banal !

Lorsque cette lettre partit de Lisbonne, il y avait déjà trois jours que le cardinal de Médicis avait ceint son front de la tiare !...

A peine élu, — disais-je tout à l'heure, — Clément VII donna à l'ambassadeur portugais des marques singulières de bienveillance et de considération. Le résultat de l'élection n'ayant été connu des membres du conclave que le 18 au soir, la proclamation officielle dut être remise, selon l'usage, au lendemain matin [2]. En conséquence, il fallut encore maintenir la clôture dans toute sa rigueur ; néanmoins, le Pontife voulut faire une exception unique en faveur du diplomate qui avait si chaudement soutenu sa candidature et le fit appeler auprès de lui.

1. Lettre du Roi à Dom Miguel da Silva, 21 (?) novembre 1523. *Corpo Diplomatico Portuguez*, loc. cit., p. 182. *Quadro elementar*, etc., loc. cit., p. 311.

2. Lorsque l'élection s'est faite dans la matinée, on procède le jour même à la proclamation du nouveau pape. Lucius Lector, *Le Conclave*. Paris, 1894, ch. xvi, p. 639.

Les portes du palais apostolique étant toujours her-
métiquement closes, Dom Miguel da Silva dut se résigner, pour pénétrer dans l'enceinte du conclave, à
passer par un des « tours » qui sont, on le sait, exclusivement destinés à y introduire la nourriture et la
correspondance des cardinaux, prélats et autres fonctionnaires enfermés. Ce dut être, en vérité, un réjouis-
sant spectacle pour les membres de la cour pontificale
que celui du grave ambassadeur se faufilant dans la
boîte cylindrique où seuls les comestibles ont d'ordinaire accès... Toujours est-il que Dom Miguel se sou-
mit de la meilleure grâce du monde à cette étrange
épreuve qui lui valait, ainsi qu'il nous l'apprend, « un
grand honneur à nul autre accordé [1] ».

Quelques jours après cette première audience, Clément VII reçut de nouveau l'ambassadeur de Portugal. Il lui dit qu'en considération des services tout à
fait exceptionnels qu'il lui avait rendus au nom de son
Souverain, il tenait à manifester sa gratitude envers
celui-ci d'une façon toute particulière. A cet effet, il
avait décidé de joindre au bref contenant la notifica-
tion officielle de son élection, une lettre de caractère
personnel où il lui exprimerait sa reconnaissance en
des termes d'une plus affectueuse intimité que ceux

---

1. Dépêche de Dom Miguel da Silva au Roi, 18 novembre 1523.
Corpo Diplomatico Portuguez, loc. cit., p. 180. *Quadro elementar*,
etc., loc. cit., p. 310.

dont les formules de la chancellerie pontificale sont ordinairement composées [1].

En transmettant au Roi le bref en question, — document des plus curieux en même temps que très flatteur pour le monarque portugais et son représentant à Rome en raison de la complaisance avec laquelle le Saint-Père y insistait sur la part considérable que ce dernier avait prise à son élection [2], Miguel da Silva engageait très vivement Dom Jean III à donner à sa réponse un caractère qui correspondît pleinement à cette éloquente démonstration de la bienveillance pontificale.

Le Roi se conforma, cette fois, aux conseils de son ambassadeur : la lettre de félicitations qu'il adressa au Pape, et dont j'ai eu la bonne fortune de retrouver le texte original dans les Archives du Vatican, est on ne peut plus chaleureuse [3]. La réponse qu'y fit Clément VII démontre tout le plaisir qu'elle lui causa [4].

1. Dépêche de Dom Miguel da Silva au Roi, 2 décembre 1523. *Corpo Diplomatico Portuguez*, loc. cit., p. 201. *Quadro elementar*, etc., loc. cit., p. 320.

2. Bref *Singularis Lusitaniæ regem*, 2 décembre 1523. Archives de Torre do Tombo, maço 37 de Bullas, nº 14. *Corpo Diplomatico Portuguez*, loc. cit., p. 200. *Quadro elementar*, etc., loc. cit., p. 319.

3. Lettre de Dom Jean III à Clément VII, Archives du Vatican, *Principi*, t. II, f. 208 vº (*inédite*). V. Appendice, nº V.

4. Bref *Tuæ Serenitatis*, 29 juillet 1524, Archives de Torre do Tombo, maço 19 de Bullas, nº 13. *Corpo Diplomatico Portuguez*, loc. cit., p. 217. *Quadro elementar*, etc., loc. cit., p. 325.

Cependant, le moment était venu pour Clément VII de démontrer par les faits la sincérité des bonnes dispositions envers le Portugal et son Souverain dont, verbalement et par écrit, il avait donné de si amples assurances. Par les brefs respectivement datés des 8 janvier, 7 mars et 10 avril 1524, il confirma l'exemption de la chapelle palatine, accordée par Léon X à Dom Emmanuel, de la juridiction de l'ordinaire [1], il renouvela la faculté concédée au même monarque d'envoyer des armes aux Maures d'Afrique alliés du Portugal [2], et, enfin, amplifia les dispositions, déjà existantes, relativement au droit de collation des Ordres militaires [3].

Mais, avec une fermeté qui honore hautement son caractère, le Pontife refusa catégoriquement de donner satisfaction à un désir de Dom Jean III qui, heurtant un principe de discipline ecclésiastique, avait déjà été repoussé par son prédécesseur.

J'ai eu l'occasion de souligner, dans les chapitres

---

1. Bref *Probata constantis fidei*, 8 janvier 1524, Archives de Torre do Tombo, maço 11 de Bullas, n° 19. *Corpo Diplomatico Portuguez*, loc. cit., p. 202. *Quadro elementar*, etc., loc. cit., p. 321.

2. 7 mars 1524; dans les Archives portugaises il n'existe qu'une traduction de ce bref dont l'original a été évidemment perdu et dont je n'ai pu retrouver la minute dans les Archives du Vatican. *Corpo Diplomatico Portuguez*, loc. cit., p. 209. *Quadro elementar*, etc., loc. cit., p. 322.

3. Lettre patente du cardinal Santi Quattro, 10 avril 1524. Archives de Torre do Tombo, maço 33 de Bullas, n° 10. *Corpo Diplomatico Portuguez*, loc. cit., p. 212. *Quadro elementar*, etc., loc. cit., p. 323.

précédents, la constante ambition de Dom Emmanuel de voir ses fils pourvus d'honneurs et de bénéfices ecclésiastiques et j'ai particulièrement insisté sur les négociations longues et ardues auxquelles donna lieu la collation d'un diocèse à l'infant dom Affonso [1], déjà pourvu du chapeau cardinalice qui, plusieurs années auparavant, avait été vainement sollicité pour l'infant Dom Luiz [2].

En montant sur le trône, Jean III ne s'était pas montré moins exigeant sur ce point envers le Saint-Siège que l'avait été son père : la facilité relative avec laquelle il avait obtenu d'Adrien VI que l'administration des diocèses de Lisbonne et d'Evora fût confiée au cardinal Dom Affonso [3] et que plusieurs monastères et prieurés fussent donnés en commende à l'infant Dom Henrique [4],

---

1. V. plus haut, p. 139 et suiv.

2. V. plus haut, p. 79.

3. Tandis que par la bulle *Gratiæ divinæ premium*, 20 février 1523, Adrien VI confiait l'administration du diocèse de Lisbonne, devenu vacant par suite de la mort de D. Martinho da Costa, au cardinal Dom Affonso, qui en deviendrait le titulaire effectif lorsqu'il aurait accompli sa vingtième année d'âge, par une autre bulle de même titre et de même date, le Pontife confiait l'administration du diocèse d'Evora au même prince.

4. La bulle *Nobilitas generis* du 18 février 1523, à l'infant Dom Henrique, Archives de Torre do Tombo, maço 3 de Bullas, n° 3. *Corpo Diplomatico Portuguez*, loc. cit., p. 102. *Quadro elementar.*, etc., loc. cit., p. 283, accordait à ce prince la commende du prieuré de Santa Cruz de Coïmbra dont le cardinal Dom Affonso avait eu

n'avait fait qu'accroître encore davantage ses prétentions.

C'est ainsi que, profitant de la vacance du siège de
Vizeu, le Roi s'était empressé de faire demander au
Pape que celui-ci fût attribué à Dom Henrique ; mais
Adrien VI, — qui n'avait concédé l'administration des
diocèses de Lisbonne et d'Évora « à une seule et
même personne » qu'à son corps défendant [1], — crut
pouvoir se retrancher derrière l'extrême jeunesse du
candidat proposé pour motiver son refus.

Jean III en éprouva le mécontentement le plus vif
et donna l'ordre à son ambassadeur de revenir à la
charge, invoquant le précédent de Dom Affonso qui

jusqu'alors la jouissance ; la bulle *Ad personam tuam*, de même date
que la précédente. Archives de Torre do Tombo, maço 3 de Bullas,
nº 4. *Corpo Diplomatico Portuguez*, loc. cit., p. 106. *Quadro elementar*, etc., loc. cit., p. 284 et adressée à Dom Affonso confirmait
cet acte de transmission.

Enfin, par la bulle *Romani pontificis providentia*, 2 mars 1523
Archives de Torre do Tombo, maço 3 de Bullas, nº 6. *Corpo Diplomatico Portuguez*, loc. cit., p. 110. *Quadro elementar*, etc., loc. cit.,
p. 285, Dom Henrique était pourvu du monastère de Saint-Christophe
de Lafoēs et du prieuré du monastère de Saint-Georges dont le com-
mendataire Diogo da Gama venait de mourir.

1. Nous connaissons ce détail par l'allusion qu'y fit le Roi lui-
même dans les instructions qu'il envoya à son ambassadeur à Rome.
C'est dans le même document, cité plus haut, p. 184 que
Jean III répondait négativement à la proposition que lui avait faite
Dom Miguel da Silva de nommer le cardinal de Médicis protecteur
du royaume.

n'était pas plus âgé que son frère lorsqu'il fut investi d'un diocèse pour la première fois [1].

Clément VII ayant déjà remplacé Adrien VI sur le trône pontifical lorsque Miguel da Silva reçut ces instructions, il était permis d'espérer que cette affaire recevrait une solution aussi prompte que favorable en considération des dispositions on ne peut plus bienveillantes qu'avait manifestées le nouveau pape envers le roi de Portugal.

Mais, quelque grande que fût la dette de reconnaissance qu'il avait contractée, Clément VII ne jugea pas qu'elle constituât une obligation pour lui de sanctionner un abus. En un bref conçu dans les termes les plus affectueux en même temps que les moins équivoques, il manifesta au Roi le regret où il se trouvait de ne pouvoir lui donner satisfaction en cette circonstance, les motifs qui avaient empêché son prédéceseur de ce faire subsistant encore dans toute leur intégrité [2].

Il est probable que Dom Miguel da Silva, fidèle aux instructions reçues de son Souverain, ne se laissa pas

---

1. V. les instructions plus haut citées.

Le Roi n'avait pas tout à fait tort; en effet, Dom Affonso n'avait que sept ans lorsque le diocèse da Guarda lui fut attribué en 1516 et, à ce moment, Dom Henrique en avait déjà onze.

2. Bref *Novit ille*, 3 mars 1524. Archives de Torre do Tombo, maço 19 de Bullas, n° 9. *Corpo Diplomatico Portuguez*, loc. cit., p. 206. *Quadro elementar*, etc., loc. cit., p. 321.

décourager par ce refus et continua à harceler le Pape
de ses sollicitations importunes car, quatre mois plus
tard, le Saint-Père adressa un nouveau bref au Roi
dans lequel il lui disait que, désireux de remédier aux
maux qui affligeaient l'Église, il ne pouvait absolument
pas conférer le diocèse de Vizeu à Dom Henrique qui
était déjà titulaire d'un autre siège, le cumul des
charges épiscopales constituant précisément un des
principaux abus qu'il avait le devoir de réformer [1].

Cette fois, le Roi se le tint pour dit et, se conformant à la prière que lui avait faite le Pontife de pro-
poser pour le siège vacant un ecclésiastique réunissant
l'ensemble des qualités nécessaires pour l'occuper
dignement [2], présenta un religieux franciscain, D.
Jean de Chaves, professeur de théologie, dont la nomi-

1. Bref *Accidit nobis*, 1er juillet 1524. Archives de Torre do Tombo,
maço 26 de Bullas, nº 20. *Corpo Diplomatico Portuguez*, loc. cit.,
p. 214. *Quadro elementar*, etc., loc. cit., p. 324.

Le but que poursuivait Jean III, en cherchant à réunir le plus grand
nombre de diocèses possible entre les mains de ses jeunes frères,
était d'ordre principalement économique. Ceci résulte clairement
d'un passage d'une dépêche de Dom Miguel da Silva où l'ambassadeur informait son maître des difficultés qu'avait fait le Pape (Adrien
VI) à lui concéder la faculté « *de toucher lui-même les revenus des
bénéfices de ses frères* ». V. Dépêche du 15 mars 1523, *Corpo Diplomatico Portuguez*, loc. cit., p. 131. *Quadro elementar*, etc., loc. cit.
p. 292.

2. Bref plus haut cité, *Novit ille*, 3 mars 1524.

nation fut immédiatement ratifiée [1]. Ce petit incident, résolu à l'entière satisfaction de Clément VII, ne fit qu'accroître en lui le désir d'être agréable au monarque portugais : le mariage de celui-ci avec la sœur de Charles-Quint lui en fournit bientôt une occasion.

Il ne sera pas inutile de rappeler brièvement ici les circonstances qui précédèrent cette union qui, constituant un lien de plus entre les Maisons de Portugal et d'Espagne devait avoir, dans la suite, au point de vue politique, de si grandes conséquences.

Dom Emmanuel, qui avait épousé en premières et en secondes noces, les infantes D. Isabelle et D. Maria, filles des « rois catholiques », n'avait pas hésité malgré la grande différence d'âge à se remarier en 1518 avec l'infante D. Leonor, sœur de l'Empereur et, par conséquent, sa propre nièce dont il avait, tout d'abord, sollicité la main pour son fils aîné Dom Jean.

Les chroniques du temps nous ont transmis le souvenir du chagrin que cette anormale substitution causa au jeune prince. chagrin d'autant plus cruel que, dès la première rencontre, sa future belle-mère et lui avaient éprouvé l'un pour l'autre un sentiment d'irrésistible sympathie. Elles nous apprennent encore comment,

---

1. Bulle *Gratiæ divinæ premium*, 9 septembre 1524, Archives de Torre do Tombo, maço 18 de Bullas, nº 55. *Corpo Diplomatico Portuguez*, loc. cit., p. 221. *Quadro elementar*, etc., loc. cit., p. 326.

à la mort de Dom Emmanuel, on put croire un instant,
qu'une union, désormais devenue possible, couronne-
rait les désirs si tristement déçus des jeunes gens ;
mais, l'étrange hostilité de l'ambassadeur impérial fit
échouer ce projet qu'encourageait le peuple de Lisbonne lui-même et D. Leonor, contrainte par son frère
à quitter le Portugal, fut donnée par lui en mariage à
François Ier, roi de France, dont l'inconstance acheva
de faire son malheur [1].

Ce n'est que trois ans après le pénible dénouement de
cette tendre idylle de sa jeunesse que Dom Jean III,
dont le cœur en avait reçu une profonde blessure, se
résolut à céder à la raison d'État et à prendre femme
afin d'assurer la succession du trône. Quelque invraisemblable que la chose paraisse, après un aussi douloureux précédent, il fit demander la main de l'infante
Catherine, autre sœur de l'Empereur, qui lui fut accordée.

L'étroite parenté existant entre les augustes fiancés,
qui étaient cousins germains, rendait une dispense du
Pape nécessaire pour la célébration du mariage ; Dom
Miguel da Silva fut chargé de la solliciter et le Roi
informa personnellement le Pontife de cette mission

---

1. Cette curieuse histoire d'amour se trouve relatée tout au long
avec force détails dans l'ouvrage maintes fois cité de Pinheiro Chagas,
t. V, ch. viii, p. 139 et suiv.

qu'il avait confiée à son ambassadeur, le priant de lui faire bon accueil [1].

Par la bulle *Exponi nobis*, en date du 25 août, Clément VII accorda la dispense demandée [2] et adressa au Roi ses félicitations dans un bref spécial où il exprimait l'espoir que cette union aurait pour la Chrétienté des résultats favorables [3].

Le mariage de Dom Jean III fut célébré en grande pompe le 5 février 1525.

Bien que le Pape n'eut pas à se louer de la générosité du roi de Portugal, qui lui fit remettre par son représentant à Rome une somme de beaucoup inférieure à celles que les souverains versaient habituellement dans les caisses du trésor pontifical lorsqu'ils obtenaient de semblables dispenses [4], il eût eu fort

1. Lettre du Roi à Clément VII.... Juillet 1524. *Corpo Diplomatico Portuguez*, loc. cit., p. 216. *Quadro elementar*, etc., loc. cit., p. 324.
Les instructions du Roi à Dom Miguel da Silva ne sont point parvenues jusqu'à nous ; leur sens résulte, cependant, très clairement de la lettre susdite.

2. Bulle *Exponi nobis*, 25 août 1524. Archives de Torre do Tombo, maço 37 de Bullas, nº 11. *Corpo Diplomatico Portuguez*, loc. cit., p. 218. *Quadro elementar*, etc., loc. cit., p. 325. Cette bulle est adressée au Roi et à D. Catherine, fille de Don Philippe, roi de Castille et de Léon.

3. Bref *Cepimus magnam*, 27 août 1524. Archives de Torre do Tombo, maço 20 de Bullas, nº 22. *Corpo Diplomatico Portuguez*, loc. cit., p. 219. *Quadro elementar*, etc., loc. cit., p. 326.

4. Ce curieux incident nous est appris par Clément VII lui-même qui adressa au roi de Portugal un bref dans lequel il se lamentait de

mauvaise grâce, après les services qu'il avait reçus
de lui au moment de son élection, à lui en tenir
rigueur, et, de fait, outre la concession d'une foule de
privilèges d'ordre spirituel [1], il résolut de lui donner un
témoignage éclatant de ses sentiments toujours affectueux.

Cependant, se conformant aux dispositions de la
bulle *Ineffabilis Providentia summi Patris*, par laquelle
Sixte IV avait établi que dorénavant le Jubilé serait
célébré tous les vingt-cinq ans [2], Clément VII avait
fait proclamer, dès le 18 décembre 1524, l'ouverture
de l'*Année sainte*, et, le 24 du même mois, il avait
procédé lui-même à l'accomplissement du rite symbolique [3].

Le 26 mars, dimanche de *Lætare*, il bénit solennellement la Rose d'Or que, dès le lendemain, ayant pris

la modicité de la somme de six mille ducats d'or que D. Miguel da
Silva lui avait remise de sa part, déclarant que n'étaient-ce les circonstances des temps il ne l'aurait jamais acceptée....
  Bref *Cum dilectus filius*, 29 janvier 1525. Archives de Torre do
Tombo, maço 20 de Bullas, nᵒ 3. *Corpo Diplomatico Portuguez*, loc.
cit., p. 233. *Quadro elementar*, etc., loc. cit., p. 330.
  1. Bulle *Sincera fervensque devotio*, 5 février 1525. Archives de
Torre do Tombo, maço 1 de Bullas, nᵒ 2. *Corpo Diplomatico Portuguez*, loc. cit., p. 234. *Quadro elementar*, etc., loc. cit., p. 330.
  2. V. PRINZIVALLI. *Gli anni santi*. Rome, 1899, p. 37.
  3. *Ibid.*, p. 51.

l'avis des cardinaux réunis autour de lui en consistoire, il résolut de décerner au roi de Portugal [1].

Par suite de lacunes nombreuses existant dans la correspondance de l'ambassadeur portugais avec son Souverain à cette époque, il ne nous est pas donné de connaître avec précision les motifs pour lesquels le Pape n'envoya pas immédiatement à Dom Jean III le présent qu'il avait décidé de lui faire. Il semble, toutefois, que l'on puisse trouver une explication suffisante de ce retard dans les graves préoccupations que les événements politiques récents ne pouvaient manquer de causer au Pontife, absorbant son attention d'une façon exclusive.

Nous avons vu comment la sourde hostilité contre la puissance espagnole, qui depuis quelque temps commençait à se faire jour dans toutes les classes de la société en Italie, assumant les proportions d'un véritable mouvement national, s'était pour la première fois ouvertement manifestée au sein du Sacré Collège

1. Archives du Vatican. Blasii de Cesena, *Diariorum*, t. X, f. 122. Archives des Maîtres des Cérémonies pontificales, t. 378, f. 139. « Die Dominica 26 Martii (1525) de Rosa celebravit Egidius Cardinalis » — « Die Lunæ 27 Martii Consistorium consuetum, in quo Papa decrevit dare Rosam Regi Portugalliæ... »

Cartari (*op. cit.*) n'a pas eu connaissance de la donation de la Rose d'Or à Dom Jean III, qu'il a omise dans sa liste chronologique de ces présents. Moroni (*op. cit.*), t. LIX, p. 131, qui s'en est rapporté pour la compilation de la sienne à celle de Cartari a commis la même omission.

lors de l'élection de Clément VII. Or, ce sentiment unanime, qu'un historien a cru pouvoir attribuer principalement à « la supériorité des Italiens dans les lettres et les arts qui dépassait à une si grande hauteur la culture intellectuelle des autres peuples [1] », devait fatalement exercer tôt ou tard une action décisive sur les desseins politiques du nouveau pape quels que fussent ses antécédents.

Néanmoins, Clément VII s'était efforcé tout d'abord de rester neutre dans les démêlés entre l'Empereur et le roi de France, invoquant les devoirs supérieurs que lui imposait sa qualité de père commun des fidèles [2]. Cette attitude passive lui convenait d'autant mieux que sa situation était des plus délicates : en effet, il ne pouvait pencher du côté des Espagnols sans se mettre en contradiction flagrante avec le sentiment national, ni favoriser les Français sans renier tout son propre passé.

Sur ces entrefaites, François Ier que les échecs antérieurement subis par ses armes n'avaient point encore découragé, était descendu dans le Milanais à la tête de troupes nombreuses et fraîches et faisait de rapides progrès. Le Pontife crut prudent de lui manifester ses intentions pacifiques et envoya à son camp un émissaire

---

1. L. Ranke, *op. cit.*, p. 108.
2. Guicciardini, *op. cit.*, t. VI, livre XV, ch. iii, p. 198.

qui parvint à conclure une entente en vertu de laquelle
le monarque français s'engageait à respecter l'intégrité
des États de l'Église et de ceux de Florence à la seule
condition que le Pape ne donnerait aucun secours à
ses adversaires [1].

Mais un événement aussi considérable qu'imprévu
ne devait pas tarder à réduire à néant le rêve de
« splendide isolement », comme on dirait aujourd'hui,
que Clément VII avait conçu. La déroute complète
de l'armée française à la bataille de Pavie et la cap-
ture du chevaleresque Valois (24 février 1525) eurent
pour conséquence immédiate de livrer à nouveau la
Papauté et l'Italie à la merci de Charles-Quint.

L'Empereur, qui avait toujours compté sur la coopération des armes pontificales et florentines, n'avait pas
été peu irrité par une défection que l'entente du Pape
avec le roi de France avait naturellement fort aggra-
vée à ses yeux : toutefois, ayant acquis la certitude que
cette entente n'était pas dirigée contre lui et ne
visait qu'à assurer la neutralité du Saint-Siège et de
Florence, il ne crut pas devoir user de représailles.

Cependant, Clément VII se voyait obligé par la
force des choses à rechercher l'amitié du vainqueur,
redevenu l'arbitre du sort de l'Italie ; après de longues
négociations, au cours desquelles se révéla toute la

1. Guicciardini, *op. cit.*, t. VI, livre XV, ch. iv, p. 232.

mauvaise foi de Charles de Lannoy, vice-roi de Naples et lieutenant général de l'Empereur en Italie, une alliance fut conclue entre Charles-Quint, d'une part, et le Pape et les Florentins, de l'autre [1] (1er avril 1525). Cette alliance fut solennellement proclamée, le 1er mai, en l'église des Saints-Apôtres [2].

Momentanément délivré des angoisses de la guerre en Italie, Clément VII put enfin songer à envoyer au roi de Portugal la Rose d'Or qu'il avait bénite à son intention [3].

Il désigna pour la lui porter, avec les Indulgences de l'année sainte, un certain Antonio Ribeiro, clerc portugais originaire du diocèse de Braga, qui était attaché en qualité de « camerlingue » à la révérende Chambre apostolique et qu'il tenait en singulière estime, à en juger par les termes flatteurs dans lesquels est conçu le bref qu'il lui adressa en cette circonstance.

Profitant de l'occasion que lui fournissait cette mission, le Pape conféra à son envoyé le titre de Collec-

---

1. P. BALAN, *La Politica di Clemente VII fino al sacco di Roma.* Roma, 1884.

Malgré son caractère apologétique, cette brochure est intéressante à consulter en raison du nombre de documents extraits des Archives du Vatican qui y sont contenus.

2. F. CANCELLIERI, *op. cit.*, ch. VII, p. 89.

3. Je n'ai pu recueillir aucun renseignement au sujet de la fabrication et du prix de cette Rose d'Or, les volumes de la série *Introitus et Exitus Cam. Apost.*, manquant pour cette période. Ils furent sans doute détruits ou dispersés au moment du sac de Rome.

teur apostolique [1] avec tous les pouvoirs inhérents à ces importantes fonctions, le chargeant de recueillir, pendant les huit mois que devait durer son séjour en Portugal, les sommes qui y étaient dues au Saint-Siège à titre d'annates, de redevances, etc. [2]

Outre ses lettres de créance [3], Antonio Ribeiro reçut des brefs distincts, pour présenter au Roi, se référant aux deux missions dont il était investi.

Celui de donation de la Rose [4], qui nous intéresse plus particulièrement, est rédigé selon les formules habituellement employées par la chancellerie pontificale en semblable occurrence. La sobriété des éloges qui y sont contenus à l'adresse de Jean III contraste singulièrement avec l'emphase de ceux que Jules II et Léon X prodiguaient naguère à Dom Emmanuel ; ce fait est, du reste, aisément explicable si l'on songe que le jeune monarque n'avait pas encore eu l'occasion de

---

1. Le nom d'Antonio Ribeiro ne figure pas dans les listes des Collecteurs apostoliques en Portugal publiées par CANDIDO MENDEZ DE ALMEIDA dans son *Direito civil ecclesiastico brazileiro*, Rio de Janeiro, 1886, et par JoÃo PEDRO RIBEIRO dans ses *Dissertações cronologicas e criticas*, Lisboa, 1896.

2. Bref *Fides et Probitas tua*, 17 juin 1525, Archives du Vatican, Arm. 39, t. XLV, f. 1062, n° 408 (*inédit*). V. Appendice, n° VI.

3. Bref *Cum elegissemus*, 18 juin 1525, Archives du Vatican, *Ibid.*, f. 1064, n° 409. Archives de Torre do Tombo, maço 19 de Bullas, n° 39 *Corpo Diplomatico Portuguez*, loc. cit., p. 240. *Quadro elementar*, etc., loc. cit., p. 332. V. Appendice n° VII.

4. Bref *Quod Romani Pontifices*, 18 juin 1525, Archives du Vatican, *Ibid.*, f. 1066, n° 410 (*inédit*). V. Appendice, n° VIII.

rendre à la Religion des services qui évoquassent même de loin ceux qui avaient signalé le règne de son illustre père.

Je n'ai pas à insister sur le bref relatif à la perception des annates et autres redevances dues au Saint-Siège dont Antonio Ribeiro était chargé ; il me suffira d'en donner le texte ci-après [1].

Enfin, le Collecteur apostolique fut muni de brefs pour la reine Catherine [2], la reine douairière D. Leonor [3] qui, nous l'avons vu plus haut, avait déjà quitté le Portugal, le cardinal-infant Dom Affonso [4], l'archevêque de Braga et les évêques de Coïmbra, Guarda Vizeu, Lamego, Porto, Silva et Ceuta [5], et les parents de Dom Miguel da Silva [6].

---

1. Bref, *Cum dilectum filium*, 18 juin 1525. Archives du Vatican, *Ibid.*, f. 1069, n° 411 (*inédit*). V. Appendice, n° IX.

2. Brefs *Cum rosam auream*, 18 juin 1525. Archives du Vatican, *Ibid.*, f. 1071, n° 412. Archives de Torre do Tombo, maço 19 de Bullas, n° 46. *Corpo Diplomatico Portuguez*, loc. cit., p. 241. *Quadro elementar*, etc., loc. cit., p. 333. V. Appendice, n° X, et *Exigit regalis*, 18 juin 1525. Archives du Vatican, *Ibid.*, f. 1073, n° 413 (*inédit*). V. Appendice, n° XI.

3. Bref *Exigit vitæ sanctitas*, 18 juin 1525, Archives du Vatican ; *Ibid.* Le texte de ce bref est le même que celui adressé à la reine Catherine avec quelques légères modifications indiquées. V. Appendice n° XI.

4. Bref *Officio et amori*, 18 juin 1525, Archives du Vatican, *Ibid.*, f. 1081, n° 419 (*inédit*). V. Appendice, n° XII.

5. Bref *Mandavimus dilecto filio*, 18 juin 1525, Archives du Vatican, *Ibid.*, f. 1078, n° 416 (*inédit*). V. Appendice, n° XIII.

6. Bref *Supplicavit nobis*, 18 juin 1525, Archives du Vatican, *Ibid.*, f. 1079, n° 417.

Comme pour se rendre en Portugal, avec les deux serviteurs qui composaient toute sa suite, Antonio Ribeiro devait traverser plusieurs États, il reçut un laissez-passer de caractère général adressé à tous les rois, princes, ducs, marquis, comtes, nobles, républiques, peuples et leurs magistrats et recteurs [1], et un bref particulier pour la mère du roi de France [2].

Malgré de diligentes recherches, je ne suis point parvenu à recueillir aucune information sur la façon dont Antonio Ribeiro remplit sa mission en Portugal. Toujours est-il que Dom Jean III se montra très reconnaissant envers le Pontife de la Rose d'Or qu'il lui avait envoyée ; il l'en remercia par une lettre des plus affectueuses dont le texte original se trouve dans les Archives du Vatican [3].

C'est à ce moment que Dom Miguel da Silva qui, depuis longtemps déjà [4], pressait son Souverain de

---

1. Bref *Mittentes dilectum filium*, 18 juin 1525, Archives du Vatican, *Ibid.*, f. 1077, n° 415 (*inédit*). V. Appendice, n° XIV.

2. Bref *Mittimus dilectum*, 18 juin 1525, Archives du Vatican, *Ibid.*, f. 1081, n° 418.

3. Lettre de Dom Jean III à Clément VII, Archives du Vatican. *Principi*, t. IV, f. 12 (*inédit*). V. Appendice, n° XV.

4. Lettre de Dom Miguel da Silva au Roi, 25 mai 1523. *Corpo Diplomatico Portuguez*, loc. cit., p. 165. *Quadro elementar*, etc., loc. cit., p. 304.

Dans cette lettre Miguel da Silva réitérait au Roi le désir qu'il avait déjà exprimé à Dom Emmanuel de rentrer en Portugal.

mettre fin à sa mission et de l'autoriser à rentrer dans sa patrie, vit son désir réalisé.

Ayant su se ménager l'estime et la confiance du Pape et du Roi, Dom Miguel da Silva, qui avait déjà été pourvu de bénéfices ecclésiastiques [1], ne tarda pas à recevoir, en récompense de ses longs et brillants services, l'évêché de Vizeu [2].

---

1. Bref *Cum nuper dilectum*, 5 septembre 1525. Archives de Torre do Tombo, maço 18 de Bullas, nᵒˢ 8 et 13. *Corpo Diplomatico Portuguez*, loc. cit., p. 255. *Quadro elementar*, etc., loc. cit., p. 337.

2. Bref *Intelleximus ex dilecti*, 23 mars 1526. Archives de Torre do Tombo, maço 26 de Bullas, nᵒ 23. *Corpo Diplomatico Portuguez*, loc. cit., p. 264. *Quadro elementar*, etc., loc. cit., p. 340.

Bref, *Gratiæ divinæ premium*, 21 novembre 1526, Archives de Torre do Tombo, maço 18 de Bullas, nᵒ 44. *Corpo Diplomatico Portuguez*, loc. cit., p. 277. *Quadro elementar*, etc., loc. cit., p. 345.

IV

JULES III ET L'INFANT DOM JEAN

Le premier quart du xvie siècle constitue en quelque sorte une époque à part dans l'histoire des relations diplomatiques entre le Saint-Siège et le Portugal aussi bien que dans celle de ce pays lui-même.

Pendant cette période, au cours de laquelle l'Église passa par une série de crises redoutables où elle se vit tour à tour menacée dans son autorité spirituelle et temporelle, les entreprises maritimes et guerrières des Portugais atteignirent leur maximum d'intensité et de succès.

Les résultats inespérés qui dérivèrent des « conquêtes » au point de vue de la propagation du catholicisme dans le monde, déterminèrent une fréquence et une cordialité de relations entre les monarques portugais et la curie romaine que troublèrent à peine momentanément quelques incidents diplomatiques, d'ailleurs sans grande importance.

Bien que le caractère très spécial de la présente

monographie ne m'ait permis que d'esquisser à grands traits, sans pouvoir leur donner tout le relief qu'ils méritent, les événements considérables qui servirent de base à ces relations, il m'a été possible de donner une certaine suite à leur exposé dans les chapitres précédents qui, consacrés aux Roses d'Or envoyées consécutivement par trois papes, à quelques années seulement d'intervalle, aux rois Dom Emmanuel et Dom Jean III, embrassent cette période relativement assez courte de cinq lustres.

Malgré les avantages évidents qu'elle présente, surtout au point de vue de la clarté du récit, je ne saurais suivre pour ce nouveau chapitre cette même méthode sans sortir complètement des limites que m'impose le cadre restreint de cette étude et sans empiéter sur le sujet de travaux ultérieurs déjà en voie de préparation.

En effet, ce n'est pas en quelques pages que, pour arriver à l'année 1551 où Jules III conféra la Rose d'Or à l'héritier présomptif de la couronne portugaise, je pourrais résumer, même d'une façon succincte, la multitude des événements divers qui, pendant cette nouvelle période d'un quart de siècle, se succédèrent avec une si grande rapidité et modifièrent du tout au tout la face des choses en Europe.

Tandis que François Ier, redevenu libre, déchaînait à nouveau le fléau de la guerre sur l'Italie et que s'accomplissait le sac de Rome (1527) [1], un des actes de vandalisme les plus odieux qu'aient eu à enregistrer les annales des temps modernes, les dernières années du pontificat de Clément VII étaient encore attristées par les progrès sans cesse croissants de la Réforme en Allemagne et le schisme suscité en Angleterre par les folles passions de ce même Henri VIII auquel, étrange ironie du sort! Léon X avait conféré naguère le titre glorieux de « défenseur de la Foi ».

Le Saint-Siège se trouvait engagé à fond dans ces luttes politiques et religieuses lorsque mourut Clément VII, et ce fut évidemment dans un but de conciliation que le Sacré Collège choisit pour lui succéder le brillant et sage cardinal Alexandre Farnèse qui, pendant les quarante années de son cardinalat, avait su se maintenir constamment dans une neutralité parfaite entre la faction française et la faction impériale qui divisaient toujours l'Italie, Rome, et le Sacré Collège lui-même [2].

Si, au cours des quinze années que dura son pontificat, Paul III se vit parfois contraint, par la force des choses, à se départir de cette neutralité dont il eût rêvé de faire la base de sa politique, tous ses efforts tendirent à amener une réconciliation entre les deux

1. V. Domenico Orano. *Il Sacco di Roma*. Roma, 1901.
2. L. Ranke, *op. cit.*, loc. cit., p. 195.

plus puissants monarques catholiques [1] dont les dissensions scandaleuses profitaient dans une si large mesure aux ennemis de la Foi.

De fait, tandis que les Turcs, un moment arrêtés par l'échec que les armes de Charles Quint leur avaient fait subir devant Tunis, reprenaient de plus belle l'offensive en Hongrie et harcelaient sans cesse les côtes d'Italie et d'Espagne [2], les protestants déployaient une ardeur extraordinaire dans la propagande de leurs hérésies.

La situation était grave et Paul III, tout en prêchant la guerre sainte [3], à l'exemple de ses prédécesseurs, et en y consacrant toutes les forces navales dont il pouvait disposer [4], tentait, par un suprême effort, de porter remède aux maux qui affligeaient l'Église.

1. Paul III mit tout en œuvre pour réconcilier François Ier et Charles-Quint: « L'entrevue des deux princes à Nice, à laquelle il assista, fut complètement son ouvrage. » L. RANKE, *op. cit.*, loc. cit., p. 199.

2. HALIL GANEM, *op. cit.*, loc. cit., p. 179 et suiv.

3. Dès son avènement à la tiare, Paul III s'efforça de réveiller les princes chrétiens de leur torpeur et parvint à effectuer une alliance avec Charles V et les Vénitiens contre le Turc. L. RANKE, *op. cit.*, loc. cit., p. 198.

Il fit appel à la coopération du roi de Portugal par le bref *Hodie dilectus filius,* du 17 décembre 1535. Archives de Torre do Tombo, maço 25 de Bullas, n° 42. *Corpo Diplomatico Portuguez,* t. III, p. 281. *Quadro elementar,* etc., t. XI, p. 123.

4. P. A. GUGLIELMOTTI. *La Guerra dei Pirati e la Marina Pontificia.* Firenze, 1876, t. II. Ce volume contient une foule de documents

Sans doute, le concile du Latran avait porté ses fruits : il avait raffermi l'autorité pontificale si profondément minée par les tendances régaliennes des gouvernements et par l'esprit d'indiscipline du haut clergé, mais, quelque considérable que fût ce résultat il n'avait pas suffi pour mettre l'Église à l'abri des périls qui, tant à l'intérieur qu'au dehors, menaçaient d'en saper les fondements.

Paul III, comprenant que seul un nouveau concile aurait la force et l'autorité nécessaires pour formuler et édicter les mesures radicales qu'exigeaient les circonstances des temps, procéda, après s'être assuré du concours bienveillant de l'Empereur[1], à la convocation officielle du concile[2].

importants relatifs à la part prise par la marine pontificale aux expéditions contre le Turc.

1. L. Ranke, *op. cit.*, loc. cit., p. 203.

2. Le concile fut d'abord convoqué à Mantoue pour le 23 mai 1537, puis remis au 1er mai de l'année suivante à Vicence. Il ne se réunit effectivement que le 13 décembre 1545, à Trente, une série d'événements, que ce n'est pas ici le lieu d'examiner, ayant motivé ces ajournements successifs.

Paul III fit part au roi de Portugal de la première convocation par la bulle *Ad dominici gregis*, du 2 juin 1536. Archives de Torre do Tombo, maço 31 de Bullas, n° 3. *Corpo Diplomatico Portuguez* loc. cit., p. 312. *Quadro elementar*, etc., loc. cit., p. 144.

Il l'informa du renvoi à Vicence par le bref *Prorogationem universalis* du 18 octobre 1537. Archives de Torre do Tombo, maço 25 de Bullas, n° 25. *Corpo Diplomatico Portuguez*, loc. cit., p. 404. *Quadro elementar*, loc. cit., p. 190.

L'initiative prise par Paul III devait être couronnée dans la suite d'un succès dont, peut-être, il n'entrevit jamais lui-même toute l'immense étendue : c'est sur les décrets du concile de Trente que repose le puissant édifice des institutions canoniques qui régissent encore actuellement l'Église.

Cependant, toujours animés du même esprit aventureux et de la même ardeur guerrière, les Portugais avaient poursuivi sans relâche la glorieuse série de leurs expéditions ultra-marines, tout en fondant de nouvelles colonies en Afrique et au Brésil. Le traité des Moluques (1529) par lequel Charles-Quint reconnaissait tous leurs droits sur l'archipel du même nom [1], avait marqué l'apogée de leur puissance dominatrice en Orient.

C'est à ce moment où, arrivé à l'âge d'homme, détenteur d'un pouvoir à peu près absolu, entouré de ministres aveuglément soumis à sa volonté, Dom Jean III résolut d'écraser cette race juive qu'il haïssait

---

1. Un différend s'était élevé entre l'Empereur et le monarque portugais au sujet de l'interprétation de la fameuse ligne de démarcation tracée par Alexandre VI, en ce qui concernait la possession de l'archipel des Moluques, récemment découvert par les Portugais, et dont la possession était revendiquée par les deux couronnes qui prétendaient chacune que ces îles se trouvaient dans leurs sphères d'influence respectives.

si profondément[1] et qu'il voyait si durement traitée dans le royaume voisin. Comme en Espagne, le Roi voulait que le Saint-Siège instituât en Portugal le tribunal de l'Inquisition.

Dès l'année 1531, Dom Jean avait entamé des pourparlers en ce sens avec Clément VII[2] et était parvenu à obtenir, non sans difficulté, que le Pontife accédât en partie à ses désirs[3].

Comme la bulle en vertu de laquelle le tribunal de l'Inquisition était établi en Portugal, réservait à l'autorité ecclésiastique la plénitude d'une juridiction dont le Roi aurait voulu voir partager l'exercice par le pouvoir civil dans une plus large mesure[4], Dom Jean III, pour arriver tout de même à ses fins, en fit précéder la publication par la promulgation d'une loi qui atteignait également les juifs convertis et ceux qui étaient demeurés fidèles à leurs croyances[5].

Cet acte arbitraire souleva des protestations véhé-

---

1. A. Herculano. *Historia da origem e estabelecimento da Inquisição em Portugal*. Lisboa, 6ᵉ édition, 1897, t. I, liv. ii, p. 189.

2. Il expédia à cet effet un envoyé spécial à Rome, Braz Netto, qu'il munit d'instructions détaillées. V. A. Herculano, *op. cit.*, loc. cit., et le *Corpo Diplomatico Portuguez*, t. II, p. 319 et suiv. *Quadro elementar*, etc., t. X, p. 357 et suiv.

3. Bulle *Cum ad nihil*, 17 décembre 1531. Archives de Torre do Tombo, maço 2 de Bullas, nº 6. *Corpo Diplomatico Portuguez*, loc. cit., p. 335. *Quadro elementar*, etc., loc. cit., p. 366.

4. A. Herculano, *op. cit.*, loc. cit., p. 259.

5. *Ibid.*, p. 265.

mentes de la part des malheureux israélites et des
« christãos novos » qui, menacés dans leurs personnes
et leurs biens, comprirent que c'en était fait de la
liberté relative dont ils avaient joui sous le règne précédent : ils envoyèrent à Rome un des leurs, nommé
Duarte da Paz, pour faire entendre leurs doléances au
Pape [1]. Clément VII, qui ne voulait pas servir d'instrument à une politique basée sur l'injustice et la persé-
cution, suspendit les effets de la bulle d'institution du
tribunal inquisitorial, se réservant de pourvoir ultérieurement et de la façon qu'il jugerait la plus oppor-
tune à la répression des délits commis contre la Foi [2].

Ces graves événements, qui s'étaient succédé avec
une rapidité extraordinaire, provoquèrent d'actives
négociations entre les cours de Rome et de Lisbonne
qui envisageaient la question de l'Inquisition à des
points de vue diamétralement opposés.

Désormais Dom Jean III n'a plus d'autre objectif
que d'arracher au Saint-Siège des concessions qu'il
répugne à celui-ci de lui accorder en raison de l'abus
qui peut et doit fatalement en être fait, au plus grand
détriment de la Religion.

Pendant vingt-cinq années, cette lutte, peut-être
unique en son genre dans l'histoire de la diplomatie,

1. *Ibid.*, p. 276.
2. Bulle *Venerabilis Frater*, 17 octobre 1532.

se poursuit avec les alternatives les plus diverses, reléguant toutes les autres questions au second plan, jusqu'au jour où la ténacité du roi de Portugal finit par l'emporter sur la résistance de Paul III [1].

La situation politique de l'Europe, plus embrouillée que jamais au moment de la mort de Paul III, devait contribuer à rendre singulièrement compliquée la tâche des cardinaux qui, le 19 novembre 1549, entrèrent en conclave pour élire un pontife [2].

Les guerres d'Italie avaient eu pour conséquence d'entraîner le chef de l'Église, en sa qualité de souverain temporel, à jouer un rôle considérable dans toutes les questions politiques et militaires qui intéressaient la Péninsule et au moins autant que l'appoint de son influence morale, la coopération de ses troupes rendait

1. Par la bulle *Meditatio cordis,* du 16 juillet 1547, Paul III rétablit les pouvoirs inquisitoriaux, supprimant les restrictions et les modifications qu'il y avait introduites, et autorisant l'infant Dom Henrique, inquisiteur général, et ses subordonnés à user pleinement de l'autorité inhérente à leurs charges. Archives de Torre do Tombo, maço 9 de Bullas, n° 16. *Corpo Diplomatico Portuguez,* t. VI, p. 166. *Quadro elementar,* etc., t. XII, p. 210. V. A. HERCULANO, *op. cit.,* t. III, livre x, p. 285 et suiv.

2. D'après certains auteurs les cardinaux qui prirent part à ce conclave étaient au nombre de quarante-huit ; d'autres soutiennent qu'ils étaient quarante-sept seulement. V. NOVAES, *op. cit.,* t. VII, p. 63.

une alliance avec lui désirable pour les adversaires éternellement en présence, les Impériaux et les Français.

Aussi, les deux diplomaties rivales déployaient-elles tous leurs moyens d'action, surtout à chaque nouvelle vacance du Siège Apostolique en vue d'assurer l'élection des candidats dont l'adhésion à leurs causes respectives semblait présenter les majeures garanties. C'est ainsi que, depuis le commencement du siècle, l'ingérence des couronnes dans les conclaves tendait à devenir de plus en plus directe et efficace [1].

Dans le cas présent, Charles-Quint, se prévalant de sa qualité d'*Advocatus Ecclesiæ*, adressa des instructions à son ambassadeur à Rome, lui prescrivant de favoriser les candidatures des cardinaux Mendoza de Burgos et Reginald Pole, tout en le chargeant de combattre celles des cardinaux Salviati, Ridolfi, Caraffa et d'Este, favoris du groupe français.

De son côté, Henri II exigeait l'exclusion du cardinal Pole en raison de sa nationalité qui lui portait ombrage [2].

En de telles conditions, seule une candidature *neutre* avait des chances de réunir un nombre de suffrages

---

1. Mgr A. Giobbio. *L'esercizio del Veto d'esclusione nel Conclave.* Monza, 1897, p. 8.
2. *Ibid.*, p. 9.

suffisant et, bien que celle du cardinal-Infant, Dom Henrique, posée par le roi de Portugal, toujours anxieux de voir ses frères élevés aux plus hautes dignités de la hiérarchie ecclésiastique[1], se trouvât jusqu'à un certain point dans ce cas[2], c'est le cardinal Jean-Marie de Ciocchi, dit del Monte, celui sur le nom duquel se faisaient les plus petits paris[3], qui sortit victorieux de l'épreuve finale.

Élu le 7 février 1550, le cardinal de Ciocchi prit le nom de Jules III en souvenir du pape de la Rovère qui avait assuré la fortune de sa famille en décernant la pourpre à son oncle, le cardinal Antonio del Monte[4].

---

1. Le 19 janvier 1550, Dom Jean III écrivit à son représentant à Rome, Balthazar de Faria, le chargeant de parler à chacun des cardinaux en particulier pour leur recommander la candidature du cardinal-Infant. Archives de Torre do Tombo, collection Moreira, fasc. 10. *Corpo Diplomatico Portuguez*, t. VI, p. 345. *Quadro elementar*, etc., t. XII, p. 287.

Il va sans dire que cette lettre ne parvint à son destinataire qu'après l'élection du nouveau pape ; néanmoins il n'est pas douteux que la candidature du cardinal-Infant ait été présentée au conclave, car, dans une lettre que le Roi adressa cinq mois plus tard à son représentant, il lui donna l'ordre de remercier les cardinaux qui s'étaient efforcés de la faire aboutir. Lettre du Roi à Balthazar de Faria, 20 juin 1550. Bibliothèque d'Ajuda. Correspondance originale de Balthazar de Faria, fol. 116. *Corpo Diplomatico Portuguez*, loc. cit., p. 371. *Quadro elementar*, etc., loc. cit., p. 295.

2. Je dis jusqu'à un certain point et non absolument, parce que l'étroite parenté existant entre les Maisons de Portugal et d'Espagne était bien faite pour inspirer quelque suspicion au parti français.

3. L. RANKE, *op. cit.*, loc. cit., p. 215.

4. NOVAES, *op. cit.*, loc. cit., p. 64.

Le premier soin du nouveau pontife fut de procéder
à l'ouverture solennelle du Jubilé (24 février) que, dès
le Jeudi saint de l'année précédente, son prédécesseur
avait promulgué sans avoir la consolation d'en accomplir les rites, la mort l'ayant surpris avant qu'il ait pu
le faire [1].

Le 31 mai, Jules III tint un premier consistoire
dans lequel il créa deux nouveaux cardinaux [2] et, finalement, prit solennellement possession du Latran le 24
juin [3].

Cependant, le Pontife s'était empressé, aussitôt
après son élection, de faire part de celle-ci à tous les
souverains : à cet effet, il avait adressé des brefs au
roi et à la reine de Portugal et au cardinal-Infant [4], et
chargé le nonce apostolique, Jean Ricci de Montepul-
ciano, archevêque de Siponto, de leur porter verbalement la confirmation de cette nouvelle [5].

---

1. Prinzivalli, *op. cit.*, p. 57. Ce jubilé est remarquable par suite
de la fondation à Rome du fameux hospice de la *Trinità dei pelle-
grini*.

2. Ciacconius. *Vitæ et res gestæ pontificum romanorum*, etc. Romæ,
1677, t. III, col. 759.

3. F. Cancellieri, *op. cit.*, § VIII, p. 105.

4. Ces brefs portent tous la date du 13 février 1550. Ceux du Roi et
de la Reine sont conservés dans les Archives de Torre do Tombo,
maço 36 de Bullas, nᵒˢ 69 et 70 ; celui du cardinal-Infant, *ibid.*, maço
6 de Bullas, nᵒ 14. *Corpo Diplomatico Portuguez*, loc. cit., p. 350 et
suiv. *Quadro elementar*, etc., loc. cit., p. 288.

5. Bref *Etsi assumptionem*, 21 février 1550. Archives du Vatican.

Dans l'audience qu'il accorda à Balthazar de Faria[1], représentant de Dom Jean III, il se montra animé des meilleures dispositions à l'égard de ce monarque et de son royaume[2].

Sur ces entrefaites, le Pape ayant décidé de mettre fin à la mission en Portugal de Mgr Ricci, destiné à remplir d'autres fonctions[3], Pompeo Zambeccari,

Arm. 44, t.2, f. 13 v°. L'original existe dans les Archives du marquis Ricci Paracciani. Arm. 1, t. 7, f. 49 (*inédit*). V. Appendice, n° XVI.

1. Balthazar de Faria avait été envoyé à Rome en mission spéciale au commencement de l'année 1543 avec le simple caractère d'agent diplomatique. *Quadro elementar*, etc., loc., cit., Introduction, p. 10.

2. Lettre de Balthazar de Faria au Roi, 25 février 1550. *Corpo Diplomatico Portuguez*, loc. cit., p. 355. *Quadro elementar*, etc., loc. cit., p. 290.

3. Par le bref *Cum tu apud istum*, 4 mars 1550. Archives du Vatican. Arm. 39, t. 57, f. 40 v° et Archives du marquis Ricci Paracciani. Arm. 1, t. 7, f. 50. Jules III nomma Mgr. Ricci nonce apostolique et collecteur général en Espagne, lui donnant l'ordre de mettre son successeur, Mgr Pompeo Zambeccari, au courant des affaires de Portugal avant de quitter cette cour.

Mgr Ricci laissa à Mgr Zambeccari un intéressant mémoire sur la cour de Lisbonne et les affaires pendantes entre le Saint-Siège et celle-ci ; je me réserve de publier prochainement ce document, dont la minute originale se trouve dans les archives de M. le marquis Ricci Paracciani, auquel je suis heureux de pouvoir exprimer ici toute ma gratitude pour l'extrême bienveillance avec laquelle il a mis à ma disposition ses précieuses archives.

L'archevêque de Siponto arriva en Espagne le 31 juillet 1550 et n'y resta que quelques mois ; dès le 25 octobre de la même année, le Pontife par le bref *Etsi tuum ingenium* lui donnait l'ordre de rentrer à Rome dès qu'il aurait réglé les affaires en cours. Archives du marquis Ricci Paracciani. Arm. 1, t. 7, f. 51.

De retour dans la Ville Éternelle, Mgr Ricci fut nommé trésorier

évêque deValve et Sulmona, fut désigné pour le remplacer à Lisbonne[1].

Outre ses lettres de créance [2] et celles lui conférant
les diverses facultés inhérentes à sa charge [3], le nouveau nonce reçut des brefs particuliers le recommandant au Roi [4], à la Reine [5], au cardinal Dom Henrique [6],

général de la Rev. Chambre Apostolique. Son admission à cette charge
est datée du 23 janvier 1551. V. Archives du Vatican. Arm. 29, t. 168.
Divers. Cam. 1551, f. 11. v°. Il fut créé cardinal dans le consistoire du
20 décembre de cette même année.

1. Mgr Zambeccari, avant d'occuper le siège épiscopal de Valve
et Sulmona, avait rempli de hautes fonctions en curie, notamment
celles de commandeur du Saint-Esprit. V. Moroni, *op cit.*, t. LXXI,
p. 41.

2. Bref *Venerabilis frater*, 10 mars 1550. Archives du Vatican.
Arm. 39, t. 57. Archives de Torre do Tombo, maço 36 de Bullas, n° 2.
Corpo Diplomatico Portuguez, loc. cit., p. 358. *Quadro elementar*, etc.,
loc. cit., p. 261.

3. Brefs *Cum te nuper ; Ut tu in his ; Cum nos te ;* 6 mars 1550.
Archives du Vatican. Arm. 32, t. 26, f. 378 et 375 v°; Arm. 39, t. 57,
f. 45 v°, 46 v°, 47 v°(*inédits.*) V. Appendice. n°s XVII, XVIII, XIX.

4. Bref *Cum Venerabilem Fratrem*, 4 mars 1550. Archives du
Vatican. Arm. 32, t. 26, f. 376 v°; Arm. 39, t. 57, f. 43 et Archives de
Torre do Tombo, maço 36 de Bullas, n° 20. *Corpo Diplomatico Por-
tuguez*, loc. cit., p. 356. *Quadro elementar*, etc., loc. cit., p. 290.

5. Bref *Cum Venerabilem Fratrem*, 4 mars 1550. Archives du
Vatican. Arm. 32, t. 26, f. 377 ; Arm. 39, t. 57, f. 43 v° et Archives de
Torre do Tombo, maço 36 de Bullas, n° 91. *Corpo Diplomatico Por-
tuguez*, loc. cit., p. 357. *Quadro elementar*, etc., loc. cit., p. 290.

6. Bref *Mittentes Nuntium*, 4 mars 1550. Archives du Vatican.
Arm. 32, t. 26, f. 377 v°; Arm. 39, t. 57, f. 44 v° (*inédit*). V. Appendice
n° XX.

à l'infant Dom Luiz [1] et un laissez-passer rédigé selon la formule usuelle [2].

C'est à ce moment que Dom Jean III résolut d'envoyer à Rome son neveu, Dom Affonso de Lencastre, grand commandeur de l'Ordre du Christ [3], d'abord pour prêter obédience au nouveau pontife en son nom [4], ensuite pour rester auprès de lui en qualité d'ambassadeur ordinaire [5].

Le roi écrivit à Balthazar de Faria pour l'informer de la chose et lui dire qu'en récompense de ses longs et excellents services il avait décidé de l'associer à son neveu avec le caractère d'ambassadeur extraordinaire pour l'obédience. En outre, il lui ordonnait de rentrer en Portugal après avoir mis son nouveau représentant

1. Bref *Cum nobilitatem tuam*, 4 mars 1550. Archives du Vatican. Arm. 32, t. 26, f. 377 ; Arm. 39, t. 57, f. 44 (*inédit*). V. Appendice n° XXI.

2. Archives du Vatican. Arm. 39, t. 57, f. 45 (*inédit*). V. Appendice n° XXII.

3. Dom Affonso de Lencastre était le petit-fils de l'infante D. Isabelle, duchesse de Bragance, sœur du roi Dom Emmanuel, chez laquelle il avait été élevé. V. *Historia genealogica da casa real Portugueza*. Lisboa, 1742, t. IX, p. 59.

4. Presque tous les Souverains et Républiques catholiques envoyèrent des ambassades spéciales pour prêter obédience à Jules III pendant les mois de mars, avril, mai et juin 1550. Voir Bibliothèque du Vatican. Cod. Barberini, XXXVI, 15. *Liber rerum concistorialium*.

5. Lettre du Roi à Balthazar de Faria, 20 juin 1550. *Corpo Diplomatico Portuguez*, loc. cit., p. 371. *Quadro elementar*, etc., loc. cit., p. 295.

au courant des affaires, ce pourquoi il l'autorisait à prolonger son séjour à Rome de deux mois après l'arrivée de celui-ci ou même davantage si les besoins de son service l'exigeaient.

Dès le milieu d'août, la chancellerie portugaise procéda à l'expédition des lettres de créance, instructions et autres documents relatifs à la mission extraordinaire.

Dans les lettres de créance du grand commandeur [1] et dans celles de Balthazar de Faria [2], il n'est pas fait mention de l'obédience, mais seulement des félicitations que ces deux personnages étaient chargés de présenter au Pontife à l'occasion de son avènement à la tiare et des affaires qu'ils avaient à traiter en curie [3].

Les instructions remises à Dom Affonso de Lencastre comprennent toute une série de pièces détachées où sont énumérées les diverses questions qu'il devait négocier ; il serait trop long d'en donner ici l'analyse détaillée ; je me bornerai en conséquence à en signaler les points capitaux.

---

1. Lettre du Roi au Pape, 13 août 1550. Archives de Torre do Tombo, collection de S. Vicente, vol. VI, f. 39. *Corpo Diplomatico Portuguez*, loc. cit., p. 400. *Quadro elementar*, etc., loc. cit., p. 303.

2. Lettre du Roi au Pape, 13 août 1550, *ibid.*, f. 51. *Corpo Diplomatico Portuguez*, loc. cit., p. 405. *Quadro elementar*, etc., loc. cit., p. 309.

3. Dans ces lettres, le Souverain prie le Pape de donner crédit à ses ambassadeurs pour les affaires en général, sans dire lesquelles. Il avait l'intention d'envoyer, ainsi qu'il le fit effectivement plus tard, une procuration spéciale pour l'obédience. V. plus loin, p. 227.

Après avoir présenté ses hommages au Saint-Père, l'ambassadeur devait lui parler du concile et lui dire tout le bien que le Roi attendait de cette assemblée pour l'Église ; solliciter le concours pécuniaire du Saint-Siège pour les entreprises portugaises aux Indes, au Brésil, en Afrique et notamment pour continuer la lutte contre les Maures qui constituaient un péril constant pour la Chrétienté ; entretenir Sa Sainteté du cas de Dom Miguel da Silva [1] et recommander à sa particulière bienveillance la grave question de l'Inquisition [2].

Le grand commandeur, outre diverses autres choses de moindre importance [3], devait encore s'efforcer d'obtenir que le titre et les fonctions de légat *a latere* en Portugal fussent attribués au cardinal-infant Dom Henrique [4], et la solution favorable d'une affaire qui inté-

1. Je n'insiste pas ici sur cette affaire, me réservant de la traiter dans un autre ouvrage.

2. Instructions pour le grand commandeur, 13 août 1550. Archives de Torre do Tombo, collection de S. Vicente, vol. VI, f. 10. *Corpo Diplomatico Portuguez*, loc. cit., p. 383. *Quadro elementar*, etc., loc. cit., p. 301.

3. Instructions pour le grand commandeur, même date. Archives de Torre do Tombo, *ibid.*, f. 35 et 37 respectivement. *Corpo Diplomatico Portuguez*, loc. cit., p. 391-3. *Quadro elementar*, etc., loc. cit., p. 303 et 304.

4. Instructions pour le grand commandeur, même date. Archives de Torre do Tombo, *ibid.*, f. 20. *Corpo Diplomatico Portuguez*, loc. cit., p. 397. *Quadro elementar*, etc., loc. cit., p. 305.

ressait vivement son autre frère l'infant Dom
Luiz [1].

Le Roi recommandait, enfin, à son neveu de donner
le titre d'ambassadeur à Balthazar de Faria et de traiter
celui-ci avec la considération qu'il méritait ; d'entretenir les meilleures relations possibles avec Don Diego
de Mendoza, ambassadeur de l'Empereur [2] ; de faire
visite aux cardinaux Farnèse, Santa Fiora, de Carpi, de
Burgos, Crescenzio, de Santa Croce, Teatino et Pole
auxquels il était chargé de porter des lettres, et au duc
Ottavio Farnèse et à sa femme, leur transmettant
ses condoléances à l'occasion de la mort du Pontife leur oncle [3].

1. Instructions pour le grand commandeur, même date. Archives
de Torre do Tombo, *ibid.*, f. 31. *Corpo Diplomatico Portuguez*, loc.
cit., p. 395. *Quadro elementar*, etc., loc. cit., p. 305.

Au sujet de cette affaire le Roi remit une lettre particulière à l'ambassadeur pour qu'il la présentât au Pape. Cette lettre porte la même
date que les Instructions. Archives de Torre do Tombo, *ibid.*, f. 47.
Corpo Diplomatico Portuguez, loc. cit., p. 401. *Quadro elementar*,
etc., loc. cit., p. 303.

2. Instructions pour le grand commandeur, même date. Archives
de Torre do Tombo, *ibid.*, f. 28. *Corpo Diplomatico Portuguez*, loc.
cit., p. 394. *Quadro elementar*, etc., loc. cit., p. 304.

3. Instructions pour le grand commandeur, même date. Archives
de Torre do Tombo, *ibid.*, f. 24. *Corpo Diplomatico Portuguez*, loc.
cit., p. 399. *Quadro elementar*, etc., loc. cit., p. 306.

V. les lettres adressées, en cette circonstance, par le Roi aux cardinaux, au duc Ottavio Farnèse et à sa femme dans le *Corpo Diplomatico Portuguez.*, loc. cit., p. 401-3, et le résumé des mêmes dans
le *Quadro elementar*, etc., loc. cit., p. 308-309.

Après un voyage qui s'effectua dans les meilleures conditions et un séjour assez prolongé à Sienne, Dom Affonso de Lencastre fit son entrée publique dans la Ville Éternelle le mardi 3 février 1551.

Les cérémoniaires pontificaux, que n'animait plus le zèle diligent des Burchard et des Paris de Grassis dans la rédaction de leurs *Diarii*, se sont bornés à enregistrer l'acte solennel de cette entrée sans en donner la description détaillée [1]. Cela est d'autant plus regrettable qu'à en juger par les allusions que l'on trouve dans les sources portugaises [2], cette cérémonie dut être véritablement imposante.

A une certaine distance de la ville, hors de la porte Flaminia, l'ambassadeur et son fils Dom Denis qui l'accompagnait, vêtus tous deux de mantelets de velours doublés de satin et montant des haquenées richement caparaçonnées, furent reçus par un brillant cortège d'environ huit cents personnes comprenant de nombreux archevêques, évêques et dignitaires de tous rangs en habits de campagne.

Arrivés à Ponte Molle, ils rencontrèrent Balthazar

1. Archives du Vatican. MASSARELLI. *Diar. Concilii Tridentini*, n° 94, f. 394 : 1551 « Die martis 3 februarii Oratores Serenissimi Domini Joannis Regis Portugalliæ missi ad Pontificem, ut ei solitam obedientiam præstent, et de eius felicissima assumptione gratulentur, ingressi sunt Urbem publice, quibus iverunt obviam familiæ Pontificis et Cardinalium ut moris est. »

2. V. *Historia genealogica da casa real portugueza*, t. IX, p. 60.

de Faria qui les y attendait entouré de sa suite personnelle et d'une foule de nobles Romains, de membres
de la cour pontificale et magistrats de la ville revêtus
des insignes de leur charge, de gentilshommes de cardinaux chevauchant des mules couvertes d'étoffes
rouges, de massiers et de gardes de Sa Sainteté.

Les maîtres des cérémonies procédèrent à la formation du cortège officiel, conformèment aux règles de
la préséance et, processionnellement, on se dirigea vers
la résidence des ambassadeurs qui était située de l'autre
côté du Tibre ; en passant le pont Saint-Ange, une
salve tirée par toutes les artilleries du château salua
les envoyés du roi de Portugal [1].

Le 7 février [2] les ambassadeurs prêtèrent obédience
au Pontife, en plein consistoire [3] ; les cérémoniaires de

---

1. *Ibid.*

2. L'auteur de l'*Historia genealogica* fait erreur en disant le 7
janvier ; il ne s'agit du reste que d'un *lapsus calami* de sa part
puisqu'il dit que c'était précisément le jour anniversaire de l'avènement au trône de Jules III qui, nous l'avons vu plus haut, avait
eu lieu le 7 février 1550.

3. Bibliothèque du Vatican. Cod. Barberini XXXVI, 15, f. 76. *Liber
rerum concistorialium...* « Apud Sanctum Petrum. Die Sabati septima
eiusdem (februarii 1551) fuit consistorium publicum propter adventum Nobilis Viri Alphonsi de Lancastro Præceptoris Maioris Militiæ
Jesu Christi Cisterciensis Ordinis Ser[mi] Dom[ni] Joannis Portugalliæ
Regis Illustris ad Sanct. Suam destinati Oratoris, qui habita per
Secretarium (sic) oratione solita ex parte ipsius Joannis Regis obedientiam devotam Suæ Sancti præstitit, quam Eadem Sanct[as] Sua una
cum fratribus benigne acceptavit. »

Jules III n'ont pas cru devoir transmettre à la postérité une description plus minutieuse de cette mémorable fonction qu'ils ne l'avaient fait de la précédente.

Les ambassadeurs, qui portaient des vêtements d'une grande richesse [1], furent introduits avec leur suite dans la salle du consistoire où le Pape était occupé, depuis longtemps déjà, à dépêcher les affaires courantes avec les cardinaux. Menés par les maîtres des cérémonies à l'extrémité de la salle où se tenait le Pontife, ils firent devant lui les génuflexions d'usage, puis donnèrent lecture de leurs lettres de créance, après quoi Balthazar de Faria, prenant la parole, prononça un discours en latin dans lequel il exprima la satisfaction qu'avait causée au Roi son maître l'élévation de Sa Sainteté à la tiare et rappela le dévouement traditionnel des monarques portugais envers le Siège Apostolique. A plusieurs reprises, le Pape et les cardinaux manifestèrent leur approbation par la parole et le geste.

Dans sa réponse, Jules III évoqua les services insignes rendus par la nation lusitane à la cause de la Religion, prodiguant, en termes flatteurs, les éloges les plus grands à la mémoire de Dom Emmanuel dont il affirma que le Roi, son fils, suivait noblement les exemples.

1. Ces costumes se trouvent minutieusement décrits dans la relation contenue dans l'*Historia genealogica*, etc., loc. cit., p. 61.

Pendant toute la durée de l'audience, le cardinal de Santa Fiora, protecteur du Portugal, se tint debout en signe d'hommage pour le Roi et la nation. Enfin, Dom Affonso de Lencastre, Balthazar de Faria, Dom Denis et, après eux, toutes les personnes composant leur brillante suite procédèrent au baisement du pied de Sa Sainteté.

Une fois la cérémonie de l'obédience achevée, ils regagnèrent avec le même appareil qu'ils en étaient venus, leur résidence où fut servi un banquet auquel prirent part plusieurs gentilshommes romains [1].

Le lendemain, premier anniversaire du couronnement de Jules III, à l'issue de la messe solennelle d'actions de grâces célébrée par un cardinal en la chapelle Sixtine, le Saint-Père convia à sa table tous les membres du Sacré Collège ainsi que les ambassadeurs de France, de Portugal, de Venise, de Florence et de Bologne.

Le Pape et ses invités assistèrent ensuite à un grand spectacle organisé en leur honneur dans la cour du Belvédère et le soir, regardèrent, des fenêtres du Vatican, le cortège symbolique qui se déroula sur la place Saint-Pierre dans lequel figuraient les magistrats de la Ville eux-mêmes, et qui s'acheva par une retraite aux flambeaux [2].

1. *Ibid.*, p. 62.
2. Archives du Vatican. MASSARELLI. *Diario citato*, f. 394 v°.
« Die Dominica 8 eiusdem mensis februarii quæ fuit dies anniversaria

Le Pontife, auquel l'ambassade envoyée par Dom Jean III avait causé une grande satisfaction, adressa ses remerciements au monarque portugais dans un bref on ne peut plus affectueux où il vantait les mérites de son représentant, Dom Affonso de Lencastre [1].

creationis Pontificis Julii III celebratur de more missa solemnis in sacello Sixti, quam decantavit Rev. Dom Card[lis] Varallus. Qua absoluta Pontifex dedit prandium omnibus Cardinalibus et oratoribus principum, fueruntque præsentes Cardinales 24, et Oratores Regum Christianissi[mi], Portugalliæ, Venetorum, Florentinum et Bononiensem. Deinde acta fuit commedia Martia ab Alexandro Martio Senensi formata in Belvideri, cui interfuit Sanctitas Sua ac Cardinales et Oratores præfati. Hora autem secunda noctis deducti sunt in plateam S[ti] Petri tres currus maximo ornata et sumptu a Romanis paratos (*sic*) qui sociati fuerunt ab ipsis Romanis hoc ordine. Preibant Capita Regionum Urbis cum suis vexillis, ac militum cohortibus. Deinde sequebantur quinquaginta Nobiles Equites, induti pulcherrimis ac preciosis vestibus more antiquo, omnibus uno eodemque modo confectis. Post hos deducebantur tres currus supradicti in quorum primo iustitiæ, in 2º Cereris, in 3º Romæ simulacra erant, ac in hoc 3º puer quidam sub nomine Romæ quædam carmina in laudem Pontificis recitavit. Currus autem subsequebantur Senator, Conservatores, cæterique ufficiales Urbis. Ac postquam milites illi ac equites ipsam plateam decurrentes circumiverunt, innumeris cereis ac facibus comitati, recesserunt : Pontifex hæc omnia spectavit ex finestra aulæ meæ supra portam palatii Apostolici. In eodem quoque sero fiunt ignes et lætitia publica per Urbem ob festum creationis, etc. »

Bibliothèque Corsini, t. XXXVIII, f. 6. *Diario di diverse attioni successe in diversi Pontificati*, etc. Cola Coleine, auteur de ce journal, se limite à rendre compte du cortège.

1. Bref *Offeruntur nobis*, 1er mars 1551. Archives du Vatican. Arm. 39, t. 58, f. 222 (*inédit*). V. Appendice nº XXIII.

Dans ce bref il est également question du concile auquel le roi de Portugal prenait le plus vif intérêt.

Par d'autres brefs, de même date, Jules III répondait aux lettres que

Par suite des innombrables lacunes existant dans la
correspondance du grand commandeur avec le Roi,
son oncle, il ne nous est pas donné de connaître les
détails des négociations entamées par la mission
extraordinaire avec la curie romaine durant les
premières semaines de son séjour dans la Ville Éternelle ; il semble, toutefois, que le roi de Portugal
n'ait eu que médiocrement à se louer de la façon
dont ses instructions furent exécutées[1].

le grand commandeur lui avait remises de la part de la Reine, du
cardinal-Infant et de l'infant Dom Luiz. Ces brefs étant inédits, je
crois utile de les reproduire en appendice bien qu'ils n'aient pas un
rapport direct avec la présente étude.

Brefs *Etsi charissimus* ; *Et litteræ tuæ* ; *Accepimus litteras*, 1er mars
1551. Archives du Vatican. Arm. 39, t. 58, f. 225 et suiv. V. Appen-
dices nos XXIV, XXV, XXVI.

1. Une lettre du Roi au grand commandeur (*sine datis*) conservée
dans les Archives de Torre do Tombo, contient une série de reproches
dont le premier est particulièrement curieux. Dom Jean blâmait son
neveu d'avoir prêté obédience au Pape avant d'avoir reçu sa réponse
(à une lettre qui n'est point parvenue jusqu'à nous) parce que, au lieu
du discours que Balthazar de Faria avait prononcé en cette circonstance, il eût été préférable qu'il prononçât celui dont il lui avait
envoyé le texte et où les services rendus au Saint-Siège par le Portugal étaient mieux et plus amplement exposés. V. *Corpo Diplomatico Portuguez*, t. VII, p. 24. *Quadro elementar*, etc., loc. cit.,
p. 319.

Il est un fait certain, à savoir que les ambassadeurs prêtèrent obédience avant d'avoir reçu la procuration officielle que le Roi leur
envoya à cet effet. Cette procuration est datée du 19 janvier et, par
conséquent, ne parvint à ses destinataires que plusieurs semaines
après l'obédience. V. *Corpo Diplomatico Portuguez*, loc. cit., p. 1.
Quadro elementar, etc., loc. cit., p. 316.

Cependant, on était entré en carême et le 8 mars, dimanche de *Lætare*, le Saint-Père, qui souffrait d'une violente attaque de goutte, dut se résigner à procéder, dans son appartement, à la traditionnelle bénédiction de la Rose d'Or [1].

Ayant décidé d'en faire présent à Dom Jean, fils aîné du roi de Portugal, il la remit à son ambassadeur avec le cérémonial usuel en présence de tous les cardinaux.

Après que le cardinal Crescenzio, désigné pour remplir les fonctions de légat *a latere* au concile de Trente, eut reçu des mains du Pape la croix, insigne de sa haute mission, l'ambassadeur portugais, portant lui-même la Rose, retourna à sa demeure accompagné de la « famille » pontificale, tandis que le légat et les autres cardinaux se rendaient à la cha-

---

1. Dès le 13 janvier, le montant du prix de cette Rose fut payé au joaillier qui l'avait exécutée par la Rev. Chambre Apostolique. Archives d'État à Rome. *Mandati, ann.* 1550-51, f. 153.

G. Ascanius etc., Camerarius.

Rev. patri domino Joanni Poggio episcopo Tropiensi Thesaurario apostolico generali, de mandato etc., et auctoritate etc. Tenore præsentium committimus et mandamus, ut de Cameræ apostolicæ pecuniis per manus magnifici viri domini Cornelii Malvasiæ illarum depositarii generalis solvi et numerari faciatis magistro Jacobo Jannotto aurifici scuta quinquaginta auri in auro ad bonum computum auri in fabricam rosæ aureæ per S. Sanctitatem quarta domenica (*sic*) quadragesimæ proximæ futuræ, ut moris est, donandæ, insumendi. Nos enim illa sic soluta in vestris et illius computis acceptabimus et admittemus acceptarique et admitti faciemus. Dat. Romæ, in Camera apostolica, die XIII Januarii 1551.

pelle pour assister à la messe qu'y célébra l'évêque
d'Ascoli [1].

L'infant Dom Jean, à qui le Pontife envoyait la
Rose d'Or, n'avait pas encore quatorze ans révolus ;
huitième des enfants que Dom Jean III avait eus de son
union avec la reine Catherine, il se trouvait être, par

1. Archives du Vatican. L. Firmani (Lud. Bondoni de Branchis).
Diariorum, t. XXVIII, f. 61.

Archives des Maîtres des Cérémonies pontificales, t . 392.

... « 1551. Die 8 Martii Papa propter infirmitatem podagræ Rosam
benedixit in camera audientiæ, quam Smus Dominus Noster donavit
primogenito Regis Portugalliæ, et nomine ipsius Oratori præfati Regis
eam accepit cum solitis ceremoniis, præsentibus omnibus cardinalibus.

« Deinde fuit per Smum D. N. data Crux IIImo Cardinali Crescentio
Legato Sacri Concilii Tridentini ut moris est.

« Postea Cardinales reversi sunt in cappellam ubi celebrata fuit
missa per Rmum Episcopum Asculanum, cui præfatus Legatus interfuit.

« Orator præfatus dum missa cantabatur associatus fuit ad eius
domum a familia Papæ.

« Absoluta missa Rmi Cardinales cum solitis ceremoniis associa-
verunt Legatum extra portam Scti Petri. »

Archives du Vatican. Massarelli. *Diario citato*, f. 397 v°.

... « Eidem die [dominica 8 eiusdem mensis martii] antequam prædicti Cardinales recederent ex cubiculo Pontificis, Sanctitas Sua dedit
Rosam, quam prius benedixerat Regi Portugalliæ quam Oratori suo
præsentavit. Qui Orator postea sociatus fuit solemniter a familia
Beatitudinis Suæ, a palatio apostolico usque domum suam, ipso dictam Rosam auream publice in manibus deferente. »

Cartari (*op. cit.*, p. 103) rapporte des fragments du *Diario* de Branca
d'après les passages cités par Mgr Febei et Ricci dans leurs ouvrages
sur les Jubilés ; il fait erreur en disant que la Rose d'Or fut donnée
en l'année 1550 au prince héritier de Portugal. Moroni qui, dans son
dictionnaire maintes fois cité, s'en rapporte aveuglément à Cartari
pour tout ce qui concerne la Rose d'Or, donne également cette date
erronée.

suite de la mort prématurée de ses aînés, l'héritier présomptif de la couronne portugaise[1].

Ainsi qu'il convenait à la jeunesse de son destinataire le bref de donation de la Rose fut rédigé dans les termes d'une paternelle sollicitude où, à des éloges d'une sage modération, se mêlaient d'affectueux encouragements à persévérer dans le sentier de la vertu[2].

Balthazar de Faria qui rentrait dans sa patrie[3], fut chargé de porter la Rose d'Or que le nonce apostolique, Mgr Zambeccari, devait remettre au jeune prince avec le cérémonial d'usage ; prévoyant le cas où ce prélat serait empêché pour une raison ou pour une autre de remplir cette fonction, le Pape donnait

---

1. Dom Jean, né à Evora le 3 juin 1537, avait été déclaré héritier du trône par les Cortès spécialement convoquées à Almeirim à cet effet, le 30 mars 1544. Il mourut le 2 janvier 1554. V. *Historia genealogica da casa real portugueza*, t. III, p. 545.

2. Bref *Cum nos nuper*, 1er avril 1551. Archives de Torre do Tombo, maço 31 de Bullas, n° 17. *Corpo Diplomatico Portuguez*, loc. cit., p. 28. *Quadro elementar*, etc., loc. cit., p. 321. Malgré les plus diligentes recherches dans les Archives du Vatican, il m'a été absolument impossible de retrouver aucune trace de ce bref. V. Appendice n° XXVII.

3. Rentré en Portugal, Balthazar de Faria fut appelé à faire partie du conseil du Roi et élevé à la charge importante de *Desembargador do Paço*. V. *Historia genealogica da casa real portugueza*, t. IX, p. 60.

à Dom Jean la faculté de désigner lui-même un autre
évêque pour suppléer le nonce [1].

Il eût été intéressant de savoir comment s'effectua la
présentation de la Rose d'Or et de connaître les détails
de la cérémonie par laquelle la cour portugaise solen-
nisa cet événement, malheureusement, les lettres que
Mgr Zambeccari adressa à Rome à cette époque [2], et
qui auraient pu nous éclairer sur ce point, ne sont
point parvenues jusqu'à nous.

1. V. le bref *Cum nos nuper*.
2. J'ai retrouvé aux Archives du Vatican, dans le t. XIX de la
série des *Principi*, de la page 31 à la page 62, diverses lettres de
Mgr Zambeccari du 22 octobre 1551 au 20 septembre 1552. Il existe
quelques dépêches adressées par la secrétairerie pontificale à ce
prélat au cours de l'année 1552, dans la même série, au t. 146. E.

APPENDICES

I

(Archives du Vatican, Arm. XXXIX, t. 29.)

Regi portugalliæ et algarbiorum

[F. 157 v°.] Vetus consuetudo mosque sanctissimus est ut Romanus Pontifex peracta sacrorum celebratione die, qui quartus est dominicus in quadragesima, Rosam auream chrismate sancto delibutam et odorifico musco inspersam cum apostolica benedictione illustri cuipiam Principi dono det; magnum profecto et dignum divina laude misterium, in quo non muneris estimanda est quantitas, sed artioris significationis qualitas interpretanda. Nos igitur, qui divina dispositione, meritis licet insufficientibus, pastorale culmen Sanctæ Romanæ Ecclesiæ obtinemus, cum vellemus præclarum hoc munus quadragesima proxime præterita adimplere, mentem ad tuam potissimum Serenitatem convertimus, quam hoc dono dignissimam iudicamus nos ad generis splendorem, progenitorumque tuorum gloriam et decorem multas proprias ac maximas adiecisti virtutes et ad reipublicæ christianæ defensionem ac propagationem egregium animum geris, sanctamque hanc apostolicam sedem singulari devotione reverentiaque prosequeris. Suscipe ergo Rosam hanc lætissimo corde, monumentum et pignus nostræ in tuam Serenitatem peculiaris benivolentiæ, quam ei per dilectum Alvarum de Costa camerarium tuum mittimus. Nec te auri fulgor, sed contemplatio divinæ significationis teneat; sancta enim ecclesia hoc donum per manus Pontificis ordinavit, ad declarandum lætitiam et gaudium ex humani generis liberatione susceptum, quod omnipotens Deus miseratus illius servitutem preciosissimo suo sanguine redemit, sicut etiam in veteri testamento per liberationem Israelitici populi antea erat figuratum. Recreat enim nos preciosissimum corpus Jesu Christi, fovet, sublevat, et in mediis laboribus consolatur, cui non iniuria Rosa ipsa comparata est; nullus quippe flos, omnium quos alma mater terra protulit, aut aspectu iucundior, aut odoris suavitate flagrantior est. Penetret igitur in tuos sensus, fili Carissime, divinus odor, et eo repletus generositatem et magnanimitatem tuam magis in dies explices; atque hoc divinum opus orthodoxæ fidei defendendæ et propagandæ, sicuti facis, totis viribus complectare; ut, exterminato genere Turcorum et Saracenorum, Domino Deo nostro auxiliante in cuius manu potestas et omne imperium est, iucundissima et optatissima securitas reipublicæ christianæ, cum tua summa gloria reddatur. Speramus nunc etiam his temporum difficultatibus ex liberatione fidelis populi gaudium magnum.

Datum...

II

Charissimo in Christo filio nostro Emanueli Portugalliæ et
Algarbiorum Regi Illustri.

LEO PAPA X

Charissime in Christo fili noster salutem et apostolicam
benedictionem.

Consecravimus more maiorum, per Romanos Pontifices
solemniter instituto Rosam ex auro fabrefactam Quarta
Dominica Quadragesimæ solitam consecrari : cumque
consuetudine iam diuturna id munus alicui Christiano Principi destinetur, vel propter memoriam præteritorum eius in
Sanctam Romanam Ecclesiam officiorum, vel ob spem futu-
rorum. Nos qui utramque causam in Maiestate Tua gravis-
simam habemus, cuius et summa ac præstantissima adhuc
constant in Sanctam Sedem Apostolicam et Dei nostri
fidem merita, et similis atque eadem in posterum bene
merendi voluntas, nihil dubitavimus quin, Venerabilium
etiam fratrum nostrorum Sanctæ Romanæ Ecclesiæ cardinalium consentientibus nobiscum sententiis eam ad Serenitatem tuam mitteremus : donum pretio quidem exiguum,
sed mysterio non mediocre, quamquam tu religiosissimus
atque optimus Rex ea magni æstimas dona, quæ non tam
utilitatis commodum in se continent quam testimonium
virtutis. Certe cum hic flos florem imagine imitetur ex

pretioso Martyrum Christi sanguine collectum, nulli melius
Principi eum decuit dedicari, quam illi, qui in Christiana
fide ad ultimas regiones usque propaganda, mentem ipsam
et virtutem Martyrum est imitatus. Accipies igitur, qua
humanitate es, munus hoc nostrum ab optimo animo et
singulari erga te profectum voluntate, in quo mentem nostram expendes, non muneris tenuitatem. Nos enim qui
assidue de tuis honoribus et ornamentis cogitamus, dabi-
mus, Deo adiuvante, operam ut quotidie maiora consequan-
tur, sicuti tu in dies de Deo atque Nobis melius mereri studes,
qui non satiatus tuis rebus gestis superioribus clarissimis
et maximis novam etiam nuper ad nos adiunctionem
remotissimi et christianissimi Principis David, tuis litteris
significasti, et nihil sit iam neque tam arduum, quod non
virtus tua exsuperare, neque tam abditum quod diligentia
pervestigare non queat. Certe nos tuo tanti Regis studio
felicitate gloriaque adducti non modo cogitamus ampliare
imperii Christiani fines, sed etiam id vobis ex sententia
successurum confidimus, cum post Deum maximum in te et
virtute tua habeamus fiduciam spemque repositam.

Datum Romæ apud Sanctum Petrum sub annulo Piscatoris die xi Maii MDXIIII. Pontificatus Nostri Anno
Secundo.

Ja. Sadoletus.

III

(Archives duVatican, Arm. XLIV, t. 5. Leon. X Brevia ad Principes.)

Regi Portugalliæ.

[F. 48.] Carissime etc. Posteaquam Serenitas Tua suis legatis viris lectissimis ad nos missis, id quod regi christianissimo fuit consentaneum, veram et sinceram obedientiam Deo optimo maximo nobisque Dei in terris vices licet immeritis gerentibus ac sedi apostolicæ præstitit, cum munus eorum publice cum magna dignitate actum, habitamque luculentam orationem læti auscultavissemus, et quæ visa nobis fuerunt ad tuam singularem laudem et commendationem pertinere respondissemus, fuimus ab eisdem legatis tuis appellati ut privatim eis copiam et potestatem nostri faceremus quod habere se dicerent mandata et munera de quibus tuo nomine essent nobiscum acturi. Quod nos cum illis libenter concessissemus, antecesserat autem rumor et hominum expectatio non mediocris propter famam et nobilitatem eorum munerum, quæ abs te missa esse dicebantur. Quo esset tua liberalitas testatior die constituta advocavimus nobis Ven^{um} fratrum nostrorum S^{ctæ} Rom^{næ} Eccl^æ Cardinalium cetum universum; magnamque præterea eodem multitudinem et copiam ornatorum ac præstantium virorum tanti spectaculi celebritas concitaret.

Itaque constituti in conventu pleno summæ dignitatis excepimus adeuntes legatos tuos, eorumque orationem de tua erga nos benivolentia, de muneribus missis, de animo in sanctam sedem apostolicam ac in Dei fidem egregio et præstanti iucundissime accepimus, neque mediocri cum voluptate munera ipsa aspeximus. Elephantum unum Indicum incredibili corporis magnitudine, et pardum unum aliquanto specie ipsa venustiorem virgato corpore et maculis distincto; sed in elephanto omnium admiratio maior vel propter memoriam antiquitatis, quod apud veteres hæc belua Romæ frequens, tanto seculorum intervallo visa non fuerit, postquam videlicet huius maximæ et nobilissimæ civitatis veteres illæ imperii et potentiæ opes conciderunt; vel propter docilitatem beluæ atque disciplinam ita obtemperantis monitis et præceptis rectoris sui, ut fides fieret non falso fuisse a gentilibus nostris litteris proditum esse quandam illi beluæ cum genere humano societatem. Atque hæc huiusmodi animantium productio, et nobis iucunditati fuit, et popularem imprimis habuit admirationem. Sed cum hoc spectaculo transacto in medio eorundem fratrum nostrorum et in gravissimorum atque ornatissimorum hominum corona consedissemus, explicaverunt eo in loco ministri Maiestatis tuæ vestem destinatam rebus divinis, ac vere tantummodo dignam, quæ in thesauris Dei omnipotentis censeatur, cum nemo mortalis tam sit arrogans, qui se illo tanto ornatu dignum putare queat. Sed eius fulgor simul atque involucris reiectis ad oculos intuentium est oblatus, silentium primum et tacita admiratio omnes tenuit. Neque enim aut oculi ad aspectum, aut vox ad laudem sufficere posse videbantur; idque non iniuria, erat

enim ea species ea pulchritudo nobilissimi operis, qualem
nec vidissemus antea unquam, nec videre expectavisse-
mus ; is splendor qui ex candore et copia tot gemmarum
esse debebat. Artem autem in eo et varietatem operum
omnes plane confitebantur etiam preciosiorem esse mate-
ria, cum diuturnus labor nobilitatem summi artificii
ordine et pertextu mirabili margaritarum antecellere
omnibus indicis atque arabicis opibus coegisset. Hoc dono
perspecto, in quo et magnitudo animi tui, qui dedicasses,
et summi Dei, cuius honori dedicasses erga te beneficientia
perspiciebatur. Lectæ sunt litteræ tuæ scriptæ, incertum
elegantius an religiosus, te, quod primitiæ omnium rerum
Deo dicandæ sint, primitias Lybiæ, Mauritaniæ, Aethiopiæ, Arabiæ, Persidis atque Indiæ in Dei honorem nobis
ipsius vices sustinentibus dare ac dedicare. Quorum
omnium et verborum et operum magnificentia a tanto et
tam illustri Rege profecta, inusitata quidem nobis et mira-
bilis visa est, animo percurrentibus, quas tu provincias,
quas regiones, quas oras tam terrestres quam maritimas
virtute ac victoria Deo comite peragrasses, ut te præstan-
tissimum Regem non solum nostra, sed etiam antiquitatis
memoria præbuisses. Sed multo clarior atque admirabilior
visa est in tanto Rege et optima erga Deum voluntas et
summa religio : animus vero et benivolentia erga Nos
cæterarum rerum ommium nobis accidit iucundissima.
Quanquam enim maximas ac præclarissimas res nobis dono
misisti, tamen multo habemus gratiorem amorem erga Nos
tuum, quam cunctarum opum et divitiarum apparationem.
Itaque munera quidem tua ut Nobis charissima in sacra-
rio Nostri delubri Palatini conservaturi sumus. Te vero

ipsum ac præstantissimas virtutes tuas in corde atque animo nostro perpetuo conservabimus. Utinam quas vellemus gratias tuæ Serenitati agere possemus : agimus quidem maximas, sumusque, si occasio feret, aliquando relaturi. Sed referet Deus ipse, qui nec pietatem tuam cœlestibus suis premiis, quæ maxima sunt, irremuneratam, nec nostram cupiditatem referandæ gratiæ, ut confidimus, irritam esse sinet. Nos quidem, quod Nostræ est potestatis, et singularem benivolentiam tuæ erga Nos voluntati perpetuo habituri sumus, et summum honorem virtuti. Datum Romæ die xi Maii 1514. Anno Secundo.

Ja. Sa[s]. (Jacobus Sadoletus).

IV .

(Archives du Vatican, Arm. XXXIX, t. 30. Brev. Leon. X.)

[F. 268, n° 132.] Charissimo in Christo filio nostro Emanueli Portugalliæ Regi Illustri.

Charissime in Christo fili noster salutem etc. Licet videatur supervacuum commendare Maiestati Tuæ suos Oratores, quorum virtutes, et merita ei, ut par est, cognita et perspecta esse debent, tamen cum prudenter ac graviter se in exhibenda nobis ac sanctæ huic sedi obedientia tuæ

Maiestatis nomine se gesserint, quibus omnia etiam gravia
ad eam pertinentia pro nostro pastorali officio benigno ac
paterno animo annuimus, eos plane de tua Maiestate bene-
meritos duximus eidem in Domino commendandos. Quo-
circa cum superioribus mensibus ad preces eius tendentes
ad defensionem christianæ fidei et augmentum, certum
numerum Præceptoriarum Militiæ Ordinis Jesu Christi
contra infideles in Africa in tuo regno instituerimus, qua-
rum dispositio iuxta nostrarum litterarum continentiam ad
Tuam Maiestatem pertinet, deputaturaque sit earum Milites,
seu Præceptores dilectos filios Nunium, Simonem ac Petrum
Valasci de Cuña, dilecti filii Tristani etiam de Cuña liberos,
ac Garziam de Saa, Emanuelem de Silvera eius consan-
guineos ei plurimum commendamus, quos si in numerum
Militum seu Præceptorum inter primos asciscet et depu-
tabit, præcipue cum, uti est relatum nobis, præter Petrum
Valasci omnes adversus infideles in Africa pro Christi fide
militarunt. Nec est dubitandum hoc honore auctos longe
ardentius pro eadem fide militaturos, gratam profecto rem
nobis, et acceptam faciet. Accedit etiam quod cum idem
Tristanus vir sit, sicut accepimus, et præ se fert, strenuus
et in armis contra ipsos infideles exercitatissimus, filiumque
in Africa militantem amiserit, sane æquum videtur ut eius
liberi et consanguinei quos tanquam novam sobolem ad
bellum contra hostes fidei eduxit, et de quorum spectata
indole et in armis virtute optime, Deo favente, sperari
potest, ad huiusmodi militiam promoveantur, ut paternæ
virtutis imitatores non ambitione et pro mercede rerum
terrenarum, sed pro cœlesti gloria certent. Quam Deus,
cuius etiam causa agitur, suis athletis ac pugnatoribus

repromisit. Cæterum cum forsitan contingere posset
eos, quos tuæ Maiestati commendamus, non omnes illas
habere conditiones, quæ iuxta continentiam nostrarum
litterarum requiruntur, ex nunc tenore præsentium eos
habilitamus, et ad huiusmodi militiam, seu Præceptorias
habiles in eventum deputationis huiusmodi declaramus.
Non obstantibus omnibus quæ in dictis litteris contine-
buntur. Datum Romæ Die xi Maii 1514. Anno Secundo.

Ja. Sad.

———

V

(Archives du Vatican, *Principi*, t. 2.)

[F. 208.] (v°) Sanctissimo in Christo Patri ac Beatissimo
Domino Clementi VII, divina providentia nunc sanctæ
Romanæ ecclesiæ Presidenti.

(r°) Sanctissimo in Christo patri ac Beatissimo Domino
tibi deditus et obsequens filius Joannes Dei gratia Rex
Portugalliæ et Algabiorum citra et ultra mare in Africa et
Guineæ Dominus, necnon expeditionis, navigationis,
commercii Aethiopiæ, Arabiæ, Persiæ Indiæque sacros
Tuæ Sanctitatis pedes humiliter deosculatur. Sanctissime
in Christo Pater ac Beatissime. Lætitiam ac voluptatem

quam ex creatione tua et ad sumi (*sic*) pontificatus apicem assumptione vel maximam suscepimus, mirum in modum auxerunt et uberrime cumularunt suavissimæ amantissimæ et humanissimæ Litteræ tuæ, quibus de eo, sive quo nihil magis in votis fuerat, nos certiores reddis. Quod etsi antea coniectura nuntiis, fama denique ipsa satis perspectum haberemus ; tamen id ipsum nobis factum est tuis Litteris et significatione iucundius, non solum quia certius et uberius asserebatur, quam vulgi sermo, quod tantopere cupiebam, sed etiam quia de te idem ex te ipso audiens non minus tibi quam mihi ipsi, et universæ Christianæ Reipublicæ iure poteram et meritissime gratulari. Tibi igitur in primis, Pater Beatissime, vehementer gratulor, gaudeo mihi, lætor virtute et offitio cum tuorum amicorum et necessariorum, tum Michaelis Sylvii, et nostrorum obsequio ac diligentia, quos nobiscum nostrove nomine Beatitudini Tuæ et isti sanctæ apostolicæ Sedi alicui esse usui potuisse, fuit nobis non minus gratum quam optatum ; nec ob id tantum quod nemini dubium fuit, creatum esse te : sed quod quo melior, quo clarior, quo diligentior, quo fortius es, quoque plura virtutis, authoritatis, industriæ ornamenta in te sunt, eo mirandum est magis, nullam in aliquo commitiorum angulo invidiam, aut malevolentiam latuisse, quæ te cominus oppugnare auderet. Quamobrem ut hæc non sine divino numine evenisse, et credendum, et fatendum est omnibus; ita illi agendæ gratiæ, orandumque suppliciter, ut qualem gregi suo pastorem esse voluit, tam illi et ovili credito cuncta læta, fausta et prospera contingant. De me autem, Pater Beatissime, Tua Beatitudo persuasissimum habeat, quod de filio obsequentis-

simo sperandum, et optandum nostrumque erga universam
familiam vestram, erga sedem apostolicam, erga Sanctitatem Tuam heriditarium et antiquum obsequium, et observantiam maiorum nostrorum voluntati, ac benevolentiæ
nulla ex parte cessisse nec cessuram unquam. Sanctissime
in Christo Pater ac Beatissime Domine, Deus noster
S^{tem} Tuam suo audientem obsequio diutissime præstet incolumem. Ex Eborensi Civitate nostra kalendis Maii
M.D.XXIIIl.

El Rey.

VI

.(Archives du Vatican, Arm. XXXIX, t. 45. Brev. Clem. VII.)

[F. 1062, nº 408.] Dilecto filio Antonio Ribeyro Clerico
Bracharensi Camerario nostro et in Regno Portugalliæ Jurium Cameræ apostolicæ debitorum Collectori.

Dilecte fili salutem etc. Fides et probitas tua nobis ex
familiaritate et obsequiis tuis intime perspecta, ac probata
exigit merito, ut tua opera libenter utamur, in his præsertim quibus et diligentiæ et fidelitatis fructum ex te perci-
pere valeamus. Cum itaque nuper te ad Chariss^{um} in
Christo filium nostrum Joannem Portugalliæ et Algarbio-

rum regem Ill^{em} cum Rosæ aureæ et sancti Jubilei indulgentiarum munere mittere statuissemus, admonitique essemus ab Agentibus Cameræ nostræ Apostolicæ multa iura eidem Cameræ in regno Portugalliæ debita necdum exacta esse, Nos huic quoque muneri te parem atque idoneum iudicantes, cum in exigendo diligentiam et in ratione reddenda fidem nobis de te polliceamur, Te, qui etiam noster Camerarius existis, ad octo menses a data præsentium computandos Collectorem annatarum seu mediorum fructuum, communiumque, et minutorum servitiorum, ac aliorum iurium quorumcunque in Regno Portugalliæ Cameræ apostolicæ tam hactenus et de præterito debitorum, quam per octo menses huiusmodi, quo tuum hoc officium durare volumus, debendorum ex quibusvis præceptoriis præsertim militiæ Jesu Christi in eodem regno existentibus ; necnon ecclesiis etiam cathedralibus et metropolitanis, præposituris, præpositatibus, decanatibus, archidiaconatibus, archipresbyteratibus, præcentoriis, cantoriis scholasticis, canonicatibus et præbendis, parochialibus ecclesiis, earumque perpetuis vicariis, capellaniis, capellis, aliisque beneficiis quibuscumque quomodocumque nominatis sæcularibus; necnon monasteriis, prioratibus et aliis beneficiis regularibus, ecclesiasticis quibuscumque, quomodocumque nominatis, cuiuscumque taxæ seu valoris ipsi fructus vel iura fuerint, cum plena facultate agendi et exigendi, et contra solvere recusantes seu differentes, censuras ecclesiasticas infligendi et fulminandi, auxiliumque brachii sæcularis invocandi, aliaque in præmissis necessaria et opportuna, quæve hactenus alii Collectores de iure vel consuetudine facere potuerunt seu debuerunt, faciendi et

exercendi. Nec non de his quæ exegeris solventes plene et
libere nomine dictæ Cameræ et nostro, etiam cum pacto
solemni de ulterius non petendo, quietandi, quietantias-
que et cedulas, seu instrumenta concedendi, auctoritate
Apostolica tenore præsentium deputamus. Volumus autem
ut tu antequam dictum officium exercere incipias, de illo
iuste et fideliter exercendo ac intra annum a data præsentium
computandum, de ratione in Camera Apostolica reddenda,
pecuniisque per te exactis eidem Cameræ consignandis, in
manibus dilecti filii nostri Francisci Armellini Medices
tit^i Sanctæ Mariæ Transtyberim et S^{cti} Callixti presby-
teri Cardinalis nostri et S^{ctæ} Rom. Ecclesiæ Camerarii
iuramentum et sufficientem præstes cautionem. Datum
Romæ etc., Die xvii Junii 1525. Anno Secundo.

Evangelista.

———

VII

(Archives du Vatican, Arm. XXXIX, t. 45. Brev. Clem. VII.)

[F. 1064 v°, n° 409.] Charissimo in Christo filio nostro
Joanni Portugalliæ et Algabiorum Regi Illustri.

Charissime in Christo fili noster salutem etc. Cum elegissemus dilectum filium Antonium Ribeyrum Camerarium nostrum Ser[tis] tuæ subditum, quem cum Rosa aurea et Sancti Jubilei indulgentiis ad te mitteremus, eumque iudicaremus idoneum, cui ob fidem ipsius erga utrumque nostrum, omnia quæ vellemus tuto credere posse, non dubitavimus, ea quæ nobis pro communi nostro honore, universalique omnium christianorum salute veniebant in mentem, tuæ Ser[ti] per ipsum Antonium aperire ut simul pastorali officio nostro, simul necessitati præsentium rerum ac temporum satisfaceremus. Nunc enim, fili noster charissime, ut vides, res christiana (si unquam alias) in discrimen adducta est, inde vi esterna infidelium Turcarum, hinc domesticis nostrorum seditionibus, calamitate insuper addita potentissimi Regis, ac Regni, viribusque nostris, siquæ, supererant, multipliciter comminutis. Quibus malis etsi divina [1], potius eaque sola, mederi [potest] clementia, tamen nostri muneris tuæque pietatis arbitrati sumus fore ut coniunctis animis atque officiis incumberemus una ambo in eam piam curam christianitatis universæ, si non in eum quem cuperemus, ac in meliorem aliquem statum vendicandæ. Quare communicatis prius his cum dilecto filio Nobili Viro Michaele de Sylva, Oratore apud Nos tuo, quem Nos merito amamus et magnifacimus, illoque honore, tuoque in eum amore dignissimum iudicamus, cuius erga te et cl. me. patrem tuum eximia fides ac merita omnem a te benivolentiæ significationem, nobis semper gratissimam futuram, expostulant, mandavimus ei ut hæc, et quædam alia Ecclesiasticam libertatem concernentia, ipse per litteras, idem vero Antonius ut verbis coram tuæ Sere-

---

1. Ms., *damna.*

nitati (*sic*) explicarent. Hortamur igitur et omni studio requirimus Ser^{tem} tuam ut illorum scriptis et verbis circa hoc fidem adhibeas, pro sua maiorumque suorum gloria et pietate in id, quod optamus, incumbat quodque universis Christi fidelibus ad salutem, Tuæ vero Ser^{ti} ad gloriam perennem, etiam in cœlis adipiscendam, redundabit.

Datum Romæ etc. Die xviii Junii 1525, Anno Secundo.

Evangelista.

VIII

(Archives du Vatican, Arm. XXXIX, t. 45. Brev. Clem. VII.)

[F. 1066, n° 410.] Charissime in Christo fili noster salutem etc. Quod Romani Pontifices prædecessores nostri ex instituto solemni observare soliti sunt, ut Rosam ex auro perfectam quarta Dominica quadragesimæ consecrarent, quam deinde dono mitterent alicui ex Christianis principibus illo honore digno, cuius merita essent in sanctam sedem apostolicam egregia, Nos quoque secuti maiorum nostrorum consuetudinem, legitimo tempore et modo fecimus, omnemque adhibuimus cæremoniam et religionem. Deinde vero cum volveremus animo ad quem potissimum illam destinaremus, occurit e vestigio cogitationibus nostris

Serenitas tua, quæ nobis hoc vel munere nostro vel iudicio dignissima visa est, tum ob virtutes præclaras et illustres maiorum suorum et præcipue cl. me. Emanuelis patris sui, tum quod ipsa talibus orta parentibus, eisdem ingredi cœpit ad omnem virtutis celebritatem vestigiis : deditque iam documenta animi sui in Deum omnipotentem et eius sponsam ecclesiam sanctam magna atque eximia. Cum autem hanc sententiam nostram proposito tuæ Ser^{tis} nomine in sacro Ven fratrum nostrorum S. Rom. Ecclesiæ Cardinalium consistorio aperuissemus, omnibus ad unum iudicata est et nostra voluntas recta atque grata, et tua virtus digna, quæ omni honore decoraretur. Eam igitur ipsam Rosam sacram atque solemnem Ser^{ti} tuæ cum honorifica mentione verborum dedicantes, elegimus dilectum filium Antonium Ribeyrum Camerarium nostrum Regni tui popularem virtute ac modestia Nobis probatum, qui eam ad te afferret, quique hoc munere atque officio duplicata lætitia fungeretur, tum quod a nobis electus esset tum quod afferret hoc donum ad Regem suum, cuius et natura et voluntate observantissimus esset. Quod quidem donum etsi prætio sane haud magnum est, tamen quia non utilitatis et commodi causa, sed cuiusdam potius divini humanique coniuncti honoris traditur, non est tibi parvifaciendum. Mittimus quod animi nostri et amoris erga te pignus est. Quod scimus tibi haud minus gratum fore, quam si auri pondus magnum mitteremus : cum Serenitas tua animorum magis quam divitiarum pro sua mentis celsitudine spectatrix sit. Illud est in isto munere prætiosum, quod sacramentum mysterii continet non mediocre. Flos enim sanguinis beatissimorum martyrum hoc flore repræsentatur, quod ut Rosa aperit anni tempus ad spem, et commodum dierum lætiorum, sic illi gloriosi martyres mentes hominum aperuerunt ad fructum expectandum beatioris vitæ. In quo nobis videtur Serenitas tua simile fere mysterium imagine sua imitari. Vernante enim tuæ ætatis tempore iam aperis spem vel potius expectationem nostram, et omnium exples, quid de te possit in Christianæ Reipublicæ commodum et beneficium sperari. Donum igitur mediocre magno a nobis animo, maiore cum religione ad te missum est. Quod ut cum ea, qua consecratum est, tradatur etiam cæremonia, committimus Ven[li] fratri Episcopo Visensi, aut, si is absens extiterit, alteri cuicunque Episcopo, qui a te moribus et pietate dignus eligetur, ut re divina solemniter perfecta, post missarum solemnia Rosam eam ipsam in manibus tuis faciat assignari ; ac ut spiritualem nostram uberius sentias liberalitatem, eidem Episcopo facultatem concedimus in nomine Dei omnipotentis et beatorum eius Apostolorum Petri et Pauli Ser[ti] tuæ et aliis centum, quos duxeris nominandos, vere pœnitentibus et confessis, quascumque ecclesias per vos eligendas iuxta formam litterarum nostrarum super iubileo emanatarum, visitantibus, omnes sancti iubilei indulgentias et peccatorum remissiones auctoritate nostra elargiendi. Datum Romæ etc. Die xviii Junii 1525 Anno Secundo.

Evangelista.

IX

(Archives du Vatican, Arm. XXXIX, t. 45. Brev. Clem. VII.)

[F. 1069, n° 411.] Charissime in Christo fili noster salutem etc. Cum dilectum filium Antonium Ribeyrum Camerarium nostrum ad Ser^{tem} Tuam cum Rosæ aureæ et S^{cti} Jubilei munere destinare decrevissemus, admoniti sumus ab Agentibus Cameræ nostræ Apostolicæ multas annatas, seu medios fructus eidem Cameræ in tuo Regno deberi, cum ex aliis beneficiis ecclesiasticis, quam præcipue ex præceptoriis tuæ militiæ Jesu Christi, quas fel : rec : Leo Papa X^{us} prædecessor noster ad preces cla : me : Emanuelis genitoris tui ita erexerat, ut illas pro tempore obtinentes, statim intra octo menses post eorum nominationem et institutionem ab Apostolica Sede novam provisionem obtinere, litterasque expedire et iura omnia Cameræ Apostolicæ debita persolvere tenerentur ; supplicatumque fuit nobis per Agentes præfatos ut tibi eiusdem Cameræ indemnitatem commendare, ac ipsi Antonio exactionem dictorum fructuum committere dignaremur. Quod nos quidem non tam ut apud te necessarium, quam ut illis gratum et nostro officio congruum tecum agendum suscepimus, cum certiores facti simus tuam Ser^{tem} minime velle eiusdem Cameræ iacturam ; sed arbitrari potius ei plene et integre ab obtinentibus ipsas præceptorias satisfactum fuisse. Itaque hortamur Ser^{tem} tuam, et requirimus in Domino, ut eidem Antonio omnem

iustum favorem præbere velis in exactione fructuum eorundem, cum ex præceptoriis prædictis, tum ex beneficiis tui regni eidem Cameræ debitorum facienda, atque
ipsos Præceptores in posterum ad litteras Apostolicas
intra octo menses prædictos, et ex toto expediendum
cogas, quo non solum Prædecessoris nostri, sed tui etiam
Genitoris coniuncta voluntas, quamquam ipso iure debita,
executionem recipiat. Id nobis merito tam gratum erit,
quam a tuæ Ser^{tis} iustitia, et in nos benevolentia expecta-
tum. Datum Romæ etc., Die xviii Junii 1525. Anno Secundo.

———

X

(Archives du Vatican, Arm. XXXIX, t. 45. Brev. Clem. VII.)

Charissimæ in Christo filiae nostræ Catherinæ Reginæ
Portugalliæ Illustri.

[F. 1071, n° 412.] Charissima in Christo filia nostra
salutem etc. Cum Rosam auream solemni a nobis more dicatam, ac S^{cti} Jubilei Indulgentias per dilectum filium Antonium Ribeyrum Camerarium nostrum Ser^{mo} illi Regi
Consorti tuo mitteremus, non arbitrati sumus a nostro officio,
paternoque in te amore, et singularibus meritis tuis alienum

tibi etiam id munus Indulgentiarum mittere ; Teque, quam charissimæ in Christo filiæ loco, et amore habemus, per litteras et dictum Antonium paterne invisere. Tua enim tanta pietas in Deum, et in hanc sanctam sedem reverentia, quantam esse audimus, et cum Domino lætamur, eiusmodi spirituale munus de thesauro Ecclesiæ sumptum a nobis requirebat, qui nihil tibi mundanorum munerum aut pretiosius hoc, aut gratius mittere potuissemus. Ac Nos quidem, qui Reginas Christiani nominis omnes paterna charitate in Domino diligere debemus, Ser^{tem} tuam ea specialioris in eodem Christo amoris prærogativa prosequimur, quo tu non solum tali Regi nupta, sed Ser^{mi} Cæsaris soror, Christianisque Principibus fere omnibus consanguinitate vel affinitate coniuncta in multis piis ac sanctis operibus ad Christianæ Reipublicæ salutem et commodum exequendis opportuna esse nobis potes. Nosque eam de te spem concepimus iam inde cum felicem hanc copulam audivimus, gratulatique vobis sumus, fore ut tua opera atque auctoritate (Deo coadiuvante) ad maximarum atque optimarum rerum confectionem aliquando uteremur. Quod nos equidem nunc primum agere cum Dei nomine instituimus, atque eidem Antonio mandavimus ut cum Ser^{tem} tuam a nobis paterne atque officiose salutasset, benedictionemque ad te nostram cum sancti Jubilei munere attulisset, tum aperiret tibi cogitationes nostras ad universale bonum communemque salutem omnium christianorum directas, super his quæ ipsum Antonium cum tuo Viro Rege nostro nomine agere voluimus, quæ ut etiam hinc ad Nos per dilectum filium Nob^{lem} virum Michaelem de Sylva Oratorem apud Nos vestrum, tuæ Ser^{tis} devotum et cultorem præcipuum scribent, Hortamur itaque te filia in Christo charissima, ut nostra pia desideria apud eundem Virum tuum Regem, et quos deinde opus erit, coadiuvare ac favere, gratiamque in his, et auctoritatem tuam nobis accommodare Dei causa velis. A quo deinde tibi ea erunt prompta ac parata præmia, quæ tantæ tuæ pietati atque effectui optimorum operum per te secuto erunt consentanea. Quemadmodum idem Antonius, cui ut nobis valde accepto, vestrique nominis, et natura et voluntate observantissimo non modo in his fidem, sed benignum auditum a te præberi cupimus, latius Ser^ti tuæ explicabit. Datum Romæ, etc., Die xviii Junii 1525. Anno Secundo.

XI

(Archives du Vatican, Arm. XXXIX, t. 45. Brev. Clem. VII.)

Eidem Reginæ (Catherinæ)[a].

[F. 1073, n° 413.] Charissima in Christo filia nostra salutem etc. Exigit regalis tui generis fulgor, eximiaque devotio, qua Nos et Romanam Ecclesiam revereris ut Ser^ti tuæ pro consequendis S^cti Jubilei indulgentiis ad almam Urbem venire non valenti, ac tuo intuitu quinquaginta perso-

a. Reginæ Eleonoræ : *Exigit vitæ sanctitas et regalis tui...*

nis per te semel tantum nominandis id ipsum de omnipotentis
Dei misericordia largiamur. Itaque[b] eidem tuæ Ser[ti] ac
quinquaginta personis per te semel nominandis, ut quatuor ecclesias in Regno vestro per Ven[lem] fratrem Episcopum Visensem, seu si absens fuerit, per quemvis alium
Episcopum vestri Regni Portugalliæ, quem tu et quælibet
illarum eligerint, vobis statuendas, prævia confessione et
contritione vestris, devote et in numero, per litteras nostras Jubilei præfixo visitando, aliquidve iuxta conscientiam
vestram et dicti Confessoris consilium in alia pietatis opera
erogando, omnes et singulas indulgentias, ac peccatorum
remissiones, plenamque sancti Jubilei gratiam consequa-
mini, quas si ad Urbem nostram personaliter veniendo, et
quatuor Basilicas eius iuxta litteras apostolicas visitando
consequerimini, tenore præsentium auctoritate Apostolica
concedimus et indulgemus. Non obstantibus eisdem litteris, cæterisque contrariis quibuscunque. Datum Romæ etc.,
Die xviii Junii 1535. Anno Secundo.

Simile Reginæ Eleonoræ Portugalliæ et XXV personis nominandis.

---

b. Leonoræ : *tibi videlicet attenta tua infirmitate, ut Capellam
tuam, in qua missam audire solita es... aliis vero 25 per te nominandis.*

XII

(Archives du Vatican, Arm. XXXIX, t. 45. Brev. Clem. VII.)

Dilecto filio nostro Alphonso S^{cti} Blasii Diacono Cardinali Portugallensi.

[F. 1081, n° 419.] Dilecte fili noster salutem etc. Officio et amori in te nostro congruum ducimus ut quæcunque Nobis in illo vestro Regno ad dignitatem vel commodum huius sanctæ Sedis pertinentia incidant, ea omnia ad te, qui eiusdem sedis pernobile membrum es, potissimum deferamus, firma sane spe adducti te pro illo honore, quem geris, proque eximia pietate et præstanti virturte tua, eiusdem sedis commodis, quæ ad te ex parte redundabunt, pie semper consultum fore. Cum igitur hoc anno rosam auream solemnibus dicatam cæremoniis Ser^{mo} illi Regi fratri tuo destinaremus, propterea quod munus id, quamquam prætio tenue, tamen mysterio æstimandum, nostro in vos amori, floridæque eiusdem Regis tam ætati, quam virtuti congruebat; delegissemusque ex omni nostrorum numero dilectum filium Antonium Ribeyrum Camerarium nostrum, qui hoc munus illi deferret, eidem Antonio nobis equidem valde charo et fido, vestrique nominis et natura et voluntate observantissimo, mandavimus complura. Quorum aliqua apud eundem Regem, nonnulla apud alios acturus cum esset, in omnibus eum ope et favore Circumspectionis tuæ uti, consilioque regi voluimus, ut non tam illius Nos quidem ministerio, quam tuæ Circumspectionis fidei et auctoritati omnia permiserimus. Is igitur et de litteris Apostolicis, quas in die Coenæ Domini hoc anno de more legi fecimus in illo Regno publicandis et observandis, et de fructibus nonnullorum beneficiorum et præceptoriarum ad Cameram Apostolicam spectantibus istic exigendis, et quod maxime ad munus et personam tuæ Circumspectionis pertinet, de dignitate et libertate ecclesiastica istic tuenda aget nostro nomine tecum diffusius ; atque cum in his, tum in nonnullis aliis, quæ eum cum dicto Rege agere voluimus ad commodum et salutem Christianorum omnium pertinentia, auxilium auctoritatem gratiamque Circumspectionis tuæ requiret. Hortamur itaque te studiose, paterneque tibi iniungimus, ut et ipsum Antonium cum fide audire, eique in omnibus his tuum favorem et gratiam accommodare velis. Quod nobis quam speratum, tam etiam gratum erit. Datum Romæ etc., Die xviii Junii 1525. Anno Secundo.

XIII

(Archives du Vatican, Arm. XXXIX, t. 45. Brev. Clem. VII.)

[F. 1078, n° 416.] Venerabili fratri Archiepiscopo Bracharensi.

Venerabilis frater salutem etc. Mandavimus dilecto filio

Antonio Ribeyro Camerario nostro, quem ad Char^mum in Christo filium nostrum Johannem Portugalliæ et Algarbiorum Regem illustrem mittimus, ut fructus beneficiorum ecclesiasticorum Cameræ Apostolicæ in isto Regno in præteritum debitos, necdum exactos, pro eadem Camera exigeret; quemadmodum aliis nostris litteris, eidem Antonio per Nos concessis, tuæ Fraternitati plenius constabit. Quam sane hortamur in Domino, et nihilominus ei in virturte sanctæ obedientiæ præcipimus, ut ipsi Antonio, si opem tuæ Fraternitatis, in his præsertim quæ in tua Dioecesi exigenda fuerint, requiret, adsis et faveas pro suæ commissionis exequutione et dictorum fructuum celeri exactione. Quod quidem nobis pergratum erit, et tam officio Fraternitatis tuæ congruet quam nostræ in illo spei respondebit. Datum Romæ etc., Die xviii Junii 1525. Anno Secundo.

Simile Episcopo Colimbriensi	Simile Episc° Portugallensi
Simile Episc° Egiptaniensi	Simile Episc° Silvensi
Simile Episc° Visensi	Simile Episc° Septensi
Simile Episc° Lamacensi	

XIV

(Archives du Vatican, Arm. XXXIX, t. 45. Brev. Clem. VII.)

[F. 1077, n° 415.] Universis etc. Mittentes dilectum filium Antonium Ribeyrum Camerarium nostrum præsentium ostensorem ad Char^mum in Christo filium nostrum

Joannem Portugalliæ et Algarbiorum Regem Illustrem cum nonnullis mandatis nostris, hortamur in Domino omnes, et singulos Reges, Principes, Duces, Marchiones, Comites, Nobiles, Respublicas, Populos, eorumque Magistratus et Rectores ; Subditis vero et stipendiariis nostris expresse præcipimus, ut pro sua in Nos et hanc Sanctam Sedem solita pietate et reverentia, eundem Antonium tam euntem quam ad Nos redeuntem cum duobus eius servitoribus, rebusque et valisiis suis, etiam absque ullius datii gabellæ, passagii, fundinavis, aut cuiusvis alterius oneris solutione per loca nostra et sua libere et secure transire, ac stare, ire, redire, permittant, de scorta etiam et comitiva, seu salvo-conductu ipsi Antonio, si voluerit, benigne provideri faciant. Quod Nobis erit valde gratum. Datum Romæ etc., Die xviii. Junii 1525. Anno Secundo.

XV

(Archives du Vatican, *Principi*, t. 4.)

[F. 12.] Ao muyto Sancto In X° padre e muyto benaventurado S̃or papa Clemente Seitimo per devina providencia ora presydente na Igreja de D̃s.

Muyto Sancto In X° padre e muito benaventurado Señor, o vosso devoto e obidiente filho dom Ioham per graça de D̃s Rey de purtugall e dos algarves da quem e da lem mar em africa, Señor de guine e da conquista navegaçam e comer-

cio de Ethiopia, arabia persya e da India, com toda omil-
dade envio beijar Seus Santos pees. muito Santo in X°
padre e muyto benaventurado Senior, antonio Ribeiro
camareiro de Vosa Santitade me deu Seu breve e me apre-
sentou o dom da Rosa e juntamente com ella a Indulgencia
do Santo Jubeleu pera mym e cem pesoas que eu nomease.
E que os doees e merces Sejam de tam grande ystima
como Sam e me obriguem pera muyto me lenbrar de Senpre lhas Servir pois Sam Soficientes pera o temporall e
espirituall, ajnda o muyto amor que niso me mostrou por
Seu breve me faz muy mais obrigado, E beijo por tudo Seus
Santos pees E espero em noso Senior que a Vosa Santidade
e a Santa See apostilica me deixara tudo Servir e em tall
maneira que aquelle grande amor e verdadeira vontade que
eu Sey certo que pera yso tinha el Rey meu Senior e
padre que Santa gloria aja que em todas Suas obras eu
queria conseguir nunca Seja esquecida, mas que em mym
Senpre Se ache e que quasy pareça que nam he ausente mas
em tudo presente, pera o que Senpre com a graça de noso
Senior Serey tam pronto quanto eu Sam obrigado como
filho obidiente de Vosa Santidade, E como o mais e Spiciall
Servidor que antie todos os Principes xpaoos posa ter, e
por tall beijarei os pees a Vosa Santidade que me tenha e
farmea muy Singular merçe muyto Santo in X° padre e
muyto benaventurado Senior noso Senior por muytos ten-
pos conserve Vosa Santidade a Seu Santo Servico. Aprita
(*sic*) em almeirim a xxiii dias de Janeiro de 1526.

El Rey.

da Sylva.

XVI

(Archives du Vatican, Arm. XLIV, t. 2. Brev. Julii III et Pauli IV.)

[F. 13 v°.] Februarii 1540. Anno primo.

S^{tas} Vestra significat amanter assumptionem suam D. Sypontino Nuntio Portugalliæ et quod loquatur in conformitatem brevium Regi et aliis, et quid ei sit faciendum S^{tas} Vestra ad eum scribet vel per D. Imolensem scribi faciet, cuius litteris fidem habebit.

[r°.] Venerabili fratri Joanni Archiepiscopo Sypontino nostro et apostolicæ Sedis in Regnis Portugalliæ et Algarbiorum Nuntio.

Venerabilis frater salutem etc. Etsi assumptionem ad pontificatum nostram te iam audisse credimus, tamen etiam nostris litteris eam tibi libenter significamus, quo nobis scribentibus ipsam lætius accipias. Scribimus autem Serenissimis istis Regi et Reginæ et dilectis filiis Cardinali et Infanti Portugalliæ, litterasque ipsas cum illarum exemplis ad te mittimus, ut in conformitatem earum nostro nomine loqui possis. Quid vero te deinde facere velimus, tibi postea scribemus, vel per Venerabilem fratrem Hieronymum episcopum Imolensem intimum secretarium nostrum scribi faciemus, cuius litteris nunc et deinceps fidem habebis.

Datum Romæ apud sanctum Petrum etc., die xxi Februarii 1550, suscepti etc., Anno Primo.

Blos.

XVII

(Archives du Vatican. Arm. XXXIX, t. 57. Brev. Julii III.)

[F. 45 v°.]   Venerabili fratri Pompeio Episcopo Valvensi et Sulmonensi Prelato domestico nostro ad Ser^{mum} Portugalliæ et Algarbiorum Regem nostro et Apostolicæ Sedis Nuntio.

IULIUS PAPA III^{us}

Venerabilis frater, salutem etc. Cum te nuper ad Char^{mum} in Christo filium nostrum Joannem Portugalliæ et Algarbiorum Regem Ill^{em} nostrum et Apostolicæ Sedis Nuntium duxerimus destinandum nonnullis facultatibus tibi concessis, Nos monasteriorum et aliorum piorum locorum illarum partium felici statui et regimini consulere cupientes, tibi quæcumque monasteria domos et pia loca in Regno Portugalliæ consistentia, cuiuscumque Ordinis et Congregationis etiam dictæ Sedi immediate subiecta illarum (*sic*) quam religiosos et personas tam in capite quam in membris visitandi, et in eis deformata in melius reformandi, ipsosque religiosos et personas quæ hactenus et in posterum quomodolibet deliquerint pro delictorum qualitate iuxta canonicas sanctiones corrigendi ac puniendi et castigandi, ac ad debitam regularem observantiam, et convenientem statum reducendi, necnon contradictores quoslibet et rebelles cuiuscumque status, gradus, ordinis,

vel conditionis fuerint per censuras et penas ecclesiasticas,
aliaque opportuna remedia appellatione postposita compes-
cendi, et auxilium brachii secularis, si opus fuerit, invocandi, aliaque in premissis necessaria seu quomodolibet
opportuna faciendi, gerendi et exequendi auctoritate
apostolica per presentes facultatem concedimus, non
obstantibus premissis ac apostolicis in provincialibus et
sinodalibus conciliis editibus (*sic*) generalibus et spiritua-
libus constitutionibus et ordinationibus, nec non Monasteriorum et ordinis ac congregationis predictorum etiam
iuramento confirmationis (*sic*) apostolica vel quavis firmitate alia roboratis statutis et consuetudinibus privilegiis
quoque exemptionibus indultis, et litteris apostolicis
monasteriis domibus locis illorum ordinibus et congrega-
tionibus religiosis et personis predictis, ac quibusvis aliis,
sub quibuscumque tenoribus et formis, etiam motu proprio
et ex certa scientia etiam per nos et sedem eamdem
concessis, ac iteratis vicibus confirmatis et innovatis,
quibus illorum tenores presentibus pro sufficienter
expressis habentes, illis alias in suo robore permansuris,
hac vice dumtaxat specialiter et expresse derogamus.
Contrariis quibuscumque, aut si aliquibus etc., mentionem
etc. Volumus autem quod in visitatione Monasteriorum,
domorum, et locorum alios superiores habentium ipsos
superiores tecum adhibeas, nisi ipsi a te super hoc moniti
in visitatione tecum facienda huiusmodi se intromittere
nequiverint, seu recusaverint, aut alias distulerint[1].
Datum Romæ apud sanctum Petrum die vi Martii 1550,
Anno Primo.

BLOS.

1. *In mss.* nequiverit, recusaverit, distulerit.

XVIII

(Archives du Vatican, Arm. XXXIX, t. 57. Brev. Julii III.)

[F. 46 v°.] Venerabili fratri Pompeio Episcopo Valvensi et
Sulmonensi Prelato nostro domestico ad Ser^{mum} Portugalliæ
et Algarbiorum Regem nostro et Apostolicæ Sedis Nuntio.

JULIUS PAPA III^{us}

Venerabilis frater salutem etc. Ut tu in his quæ ad
bonos mores ac probitatem personarum ecclesiasticarum
Regni Portugalliæ et Algarbiorum potissime spectant pro
huius sanctæ Sedis honore et earundem personarum animarum salute Christi fideliumque illarum partium conso-
latione animosius intendere possis, Tibi, ultra alias tibi
per te ipsum per nos concessas facultates, quod omnes et
singulas personas ecclesiasticas tam seculares quam cuiusvis
ordinis etiam mendicantium, regulares exemptas ac dictæ
sedi immediate subiectas, et in suorum superiorum defectu,
et non exemptas auctoritate nostra, quandocumque tibi
placuerit visitare, et recte viventes in suo laudabili proposito,
et instituto confovere, ceteras vero secusque deceat et
conveniat vita ducentes, et si qui fuerint verbi Dei
predicatores, qui zizaniam potius quam bonum semen in
populis serant, eadem auctoritate nostra paterna prius (ut
a malis desistant) et optima quique sequantur charitate

monere, et deinde obduratos et pertinaces suaque in protervia perseverantes per penas ecclesiasticas tibi visas cohercere, et debite etiam punire ac castigare, omniaque et singula alia in premissis et circa ea necessaria, seu quomodolibet opportuna, etiam specialem notam requirentia, facere et exequi libere possis et valeas, auctoritate apostolica tenore presentium facultatem concedimus, mandamus sub indignationis nostræ pena omnibus et singulis locorum Ordinariis, et aliis personis ecclesiasticis, seculares vero personas in Domino stantes ut tibi quoad executionem premissorum omnibus opportunis favoribus et auxiliis assistant. Non obstantibus constitutionibus et ordinationibus apostolicis, nec non ordinum predictorum etiam iuramento confirmatione apostolica vel quavis firmitate alia roboratis, statutis et consuetudinibus, privilegiis quoque indultis ac litteris et exemptionibus apostolicis ordinibus et personis predictis quomodolibet concessis confirmatis, et innovatis, quibus omnibus illorum tenores presentibus pro sufficienter expressis habentes, hac vice dumtaxat ad effectum presentium illis alias in suo robore permansuris specialiter et expresse derogamus, ceterisque contrariis quibuscumque; per presentes autem ipsis locorum Ordinariis tam quo ad eorum subditos, quam quo ad eis circa ipsas exemptas personas concessam facultatem in aliquo preiudicare non intendimus.

Datum Romæ apud sanctum Petrum die vi Martii 1550. Anno Primo.

Blos.

XIX

(Archives du Vatican, Arm. XXXIX, t. 57. Brev. Julii III.)

[F. 47 v°.] Venerabili Fratri Pompeio Episcopo Valvensi et Sulmonensi Prelato nostro domestico ad Ser^{mum} Portugalliæ et Algarbiorum Regem nostro et Apostolicæ sedis Nuntio.

JULIUS PAPA III^{us}.

Venerabilis frater salutem etc. Cum nos te ad Char^{mum} in Christo filium Joannem Portugalliæ et Algarbiorum Regem Ill^{em} nostrum et apostolicæ sedis cum potestate Legati de Latere Nuntium duxerimus destinandum, nos tibi annatarum etiam rationem præceptoriarum militiæ Jesu Christi ac quorumcunque aliorum iurium nobis seu Cameræ Apostolicæ debitorum exactionem committimus, nec non annatarum et aliorum iurium nobis seu Cameræ prefatæ debitorum huiusmodi collectorem facimus constituimus et deputamus, tibique donec officium Nuntii ibi exercueris, annatas et iura huiusmodi ab ipsarum præceptoriarum præceptoribus ac aliis annatarum et iurium huiusmodi debitoribus cuiuscunque dignitatis, status, gradus, ordinis vel condicionis, aut preheminentiæ fuerint, et quacunque fulgeant dignitate, tam quoad in preteritum debita, quam in futurum debenda, petendi, colligendi, et exigendi, et tam in genere, quam nominati in specie, ut

illas et illa solvant sub excommunicationis latæ sententiæ
pena in singulares et capitulorum ac conventuum personas,
etiam privationis præceptoriarum et beneficiorum ecclesiasticorum per eos obtentorum, et aliis de quibus tibi in-
debite pœnis mandandi ac terminum ad id prefigendi et
prefixum semel vel pluries prorogandi, et pro annatarum
et iurium huiusmodi faciliori exactione unum vel plures,
qui eadem qua tu facultate fungantur deputans, et deputatos
ipsos deponendi, et alios dictorum loco surrogandi, solventes vero de solutis per te ipsum quietandi et liberandi, ac
eos qui ob non solutionem annatarum seu iurium huiusmodi censuris aut aliis penis illaqueati fuerint, postquam
debite satisfecerint, ab excommunicationis aliisque sententiis censuris et pœnis huiusmodi, etiamsi in illis etiam per
longum tempus insorduerint, absolvendi eosque adversus
inhabilitatem forsan propterea incursam habilitandi, ac de
præceptoriis huiusmodi, si forte premissorum occasione a
iure vel ab homine privati fuerint, de novo providendi, et
generaliter omnia et singula alia in premissis et circa ea
necessaria seu quomodolibet opportuna faciendi, mandandi, et exigendi plenam et liberam tenore presentium
concedimus facultatem, non obstantibus constitutionibus
et ordinationibus apostolicis, ac ecclesiasticarum militiarum,
et ordinum quorumcunque, etiam iuramento confirmatione
apostolica vel quavis firmitate alias (*sic*) roboratis, statutis
et consuetudinibus, stabilimentis, usibus, et naturis, privilegiis quoque indultis apostolicis, eis forsan sub quibusvis
verborum formis et clausulis etiam derogatoriarum deroga-
toriis, fortioribus, efficacioribus et insolitis concessis, et
approbatis, quibus illorum tenores formas, et effectus ac si

de verbo ad verbum, nihil penitus omisso, inserti forent,
pro sufficienter expressis habentes, quo ad premissa omnia
et singula specialiter et expresse derogamus, et derogatum
esse volumus, ceterisque contrariis quibuscumque.

Datum Romæ apud Sanctum Petrum, die vi Martii 1550.
Anno Primo.

Blos.

XX

(Archives du Vatican, Arm. XXXIX, t. 57. Brev. Julii III.)

[F. 44 v°.] Cardinali Portugalliæ.

JULIUS PAPA III us

Dilecte fili noster salutem etc. Mittentes Nuntium
nostrum ad Maiestatem Ser mi fratris tui Portugalliæ Regis,
Ven lem fratrem Pompeium Episcopum Valvensem et
Sulmonensem Prelatum nostrum domesticum latorem
presentium, virum quidem nobilem, ac nobis fide virtute et
probitate sua plurimum gratum in locum Ven lis fratris
Johannis Archiepiscopi Sipontini in Hispaniarum ituri,
mandavimus eidem Pompeio Nuntio ut te dilectum filium
nostrum S. R. Eccl. Cardinalem, et huius sanctæ Sedis
honorificentissimum membrum summa virtute et pietate

prestantem paterne inviseret et salutaret, a nobis et in
omnibus nostris et huius sanctæ sedis negotiis istic per
eum gerendis et tractandis tuo favore gratia et consilio
semper uteretur. Hortamur circumspectionem tuam in
Domino ut ipsum Episcopum Nuntium, virum quidem
nobilem, suaque doctrina virtute et probitate nobis plurimum gratum, non solum ipse honorifice suscipere, sed
etiam ab eodem fratre tuo Rege humaniter suscepi curare,
cunctaque negotia nostra protegere ac fovere velis, eundem
Nuntium cum fide semper audire, quod suo officio ac
dignitate conveniet, et nobis erit plurimum gratum. Datum
ut supra. (4 Martii 1550).

Blos.

XXI

(Archives du Vatican, Arm. XXXIX, t. 57. Brev. Julii III.)

[F. 44.] Dilecto filio nobili viro Ludovico a Portugallia
Ser ^{mi} Portugalliæ et Algarbiorum Regis III ^{is} fratri ger-
mano Portugalliæ stanti.

JULIUS PAPA III ^{us}

Dilecte fili salutem etc. Cum nobilitatem tuam tantum
diligamus, et tanti faciamus quantum tua eximia virtus ac
prudentia et apud Ser ^{mum} Portugalliæ Regem fratrem tuum

gratia et authoritas postulant, mandavimus Ven^li fratri Pompeio Episcopo Valvensi et Sulmonensi Prelato nostro domestico presentium exhibitori, quem Nuntium nostrum ad eundem fratrem tuum Regem, in locum Ven^lis fratris Johannis Archiepiscopi Sipontini in Hispanias ituri mittimus ut Nobilitatem tuam in primis nostro nomine inviseret ac salutaret, deque nostra in te benevolentia, atque ea spe, quam in te omnium istic nostrarum rerum collocavimus edoceret. Hortamur Nobilitatem tuam in Domino ut pro tua erga Deum singulari pietate, et in hanc sanctam sedem observantia ipsum Pompeium Episcopum Nuntium, virum quidem nobilem, suaque virtute doctrina ac probitate nobis admodum charum, humaniter ipse suscipere, suscepique ab eodem Rege curare, nostraque et dictæ sedis per eum pro tempore tractanda negotia tuo favore iuvare semper velis, tum eiusdem Nuntii verbis, et nunc et quotiens te nostro nomine alloquetur, illam eandem fidem prestare, quam nobis ipsis prestares, si tecum presentes loqueremur. Quod erit maxime nobis gratum. Datum ut supra (4 Martii 1550).

BLOS.

XXII

(Archives du Vatican, Arm. XXXIX, t. 57. Brev. Julii III.)

[F. 45.] Passus pro eodem Nuntio (Pompeio Episc. Valvensi et Sulmonensi.)

Universis et singulis subditis mediate vel immediate subiectis ac personis Ecclesiasticis precipimus, nobis vero non subiectis hortamur et requirimus in Domino ut Ven^lem fratrem Pompeium episcopum Valvensem et Sulmonensem quem nostrum et apostolicæ sedis nuntium ad charissimum in Christo Filium nostrum Portugalliæ et Algarbiorum Regem Ill^em mittimus cum familia et comitibus suis necnon carruagiis (*sic*) et sarcinis eorum omnibus etiam sine alicuius oneris solutione per omnia loca vestra tuto ac libere transire et in eis commorari permittatis, eisque de commodis hospitiis et victualis (*sic*) necessariis pro honesto pretio necnon de comitiva et salvo conducto si opus fuerit et ipse vos requisierit benigne et prompte nostra causa provideatis. Quod erit nobis gratissimum. Datum Romæ apud S^ctum Petrum, die iv Martii 1550. Anno Primo.

BLOS.

XXIII

(Archives du Vatican, Arm. XXXIX, t. 58. Brev. Julii III.)

REGI PORTUGALLIÆ

[F. 222.] Charissime in Christo fili noster salutem. Offeruntur nobis quocunque nos vertimus (*sic*) tuæ Maiestatis pietatis, religionis, et in hanc Sanctam Sedem observantiæ vertissima (*sic*) documenta. Excepti sane a nobis in nostro consistorio publico Oratores tui, prudenti et amantissima habita oratione, obedientiam nobis tuæ Maiestatis nomine dederant more maiorum, et sicut Christiani nulli non Reges antea fecerant, quam quidem una cum Ven^{bus} Fratribus nostris S. Rom. Eccl. Cardinalibus omni cum amoris nostri significatione acceptaveramus, quando scribitur ad nos a Nuntio istic nostro tuam Maiestatem longo sermone de ea ipsa nobis reddenda obedientia cum eo egisse, et quantum esses eius rei sollicitus, ut et solemniter et studiose fieret; cuius probitatis et virtutis tuæ quis unquam dubius fuit. Nec res certe Nos qui tuæ Serenitatis gesta ab initio usque tui regni ea esse sciebamus, quæ a quovis pio et catholico principe desiderari possent... quæ nunquam satis in nostra de te opinione confirmavit et sic augeri poterat, auxit : omnipotens Deus, in cuius honorem ea omnia tendunt, conservet Maiestatem incolumem, et condigna ei premia retribuat. Scribit preterea idem Nuntius habitam esse a Tua Maiestate Concilii mentionem. Nos quidem, Fili charissime, tuum Oratorem expectabamus ut omnia consilia nostra circa ipsum consilium (*sic*) ei communicaremus nec putabamus eius adventum tantum differri; nam si hic non intercessisset respectus nullo modo ad te scribere distulissemus; quanquam id quod decreveramus significatione non egebat; ressumpta est etenim a nobis Concilii solum prosecutio et celebratio in civitate Tridenti continuanda. In qua antea per nos..... honore fungentes indictum, inchoatum, et continuatis (*sic*) fuerat, nec propterea aliquid... actum totum tamen quod est cum primum aliqui.... dolosos quibus laboramus cessaverint, ipsis tuis Oratoribus explicabimus, ut id plenius ad Maiestatem tuam scribent. Hortamur ipsam Maiestatem tuam in Domino, ut suarum preclarissimarum actionum cursum prosequens hanc Concilii prosecutionem omni sua auctoritate et gratia adiuvare velit, sicut hactenus cum sua magna laude fecit, et Nos ab eius bonitate ac firmiter erga orthodosam (*sic*) religionem studio et zelo expectamus; quodque vero gratus nobis fuerit adventus dilecti Filii Nob[lis] viri Alphonsi de Alencastro nepotis tui tum tua causa, tum vero ob eius miram prudentiam et dexteritatem, quod priori loco scribendum fuerat explicari verbis posse diffidimus; propterea nihil aliud de hac re dicemus, nisi quod magnum in hoc tuæ Maiestatis erga Nos amorem cognovimus, et eidem plurimum gratulamur et gracias agimus; reliqua ex ipso Nuntio Nostro Maiestatis tuæ intelligenda. Datum Romæ etc. Prima Marcii MDLI. Anno Secundo.

XXIV

(Archives du Vatican, Arm. XXXIX, t. 58. Brev. Julii III.)

[F. 225 v°.] Charissimæ Reginæ Portugalliæ.

Charissima etc. Etsi Charissimus in Christo filius noster Johannes Portugalliæ Rex, vir tuæ Maiestatis, tam per litteras, quam dilecti filii nobilis viri Alphonsi de Alencastro sermone nobis cumulatissime satisfecit, inficiari tamen non possumus Maiestatis tuæ litteras, quas idem Alphonsus

una cum tuæ erga Nos, et hanc sanctam sedem propensa
voluntatis expressione nobis reddidit, mirum in modum
gratas nobis extitisse, quam propterea tibi debeamus, et
quam paterne Serenitatem tuam diligamus, ac tibi tuæque
charissimæ soboli prospera omnia optemus cum credamus
eundem Maiestati tuæ plenissime significaturum esse, et
Nuntium nostrum expositurum esse, finem scribendi
faciemus, omnes Vos assidua omnipotentis Dei, cuius vices
licet immeriti in terris gerimus, nostraque paterna et
huius sanctæ Sedis benedictione prosequentes. Datum ut
supra.

XXV

(Archives du Vatican, Arm. XXXIX, t. 58. Brev. Julii III.)

[F. 225.] Henrigo Cardinali Portugalliæ.
Dilecte fili noster salutem etc. Et litteræ tuæ, quas reddidit nobis dilectus filius nobilis vir Alphonsus de Alencastro,
et ea quæ ex parte tua nobis retulit, gratissima nobis accide-
rant, · aldeque gavisi sumus de recuperata a te valetudine,
sicut certe de amissa antea dolueramus ; cumque putemus
ipsum Alphonsum hæc omnia plene ad te esse scripturum,
non erimus longiores ; oramus Deum ut te, a istos Ser^{mos}
Regem et Reginam cum eorum prole, ad honorem et
exaltationem ecclesiæ sanctæ suæ diutissime conservet
incolumes. Datum Romæ etc. Prima Marcii MDLI. Anno
Secundo.

XXVI

(Archives du Vatican, Arm. XXXIX, t. 58. Brev. Julii III.)

[F. 226 v°.]   Dilecto filio nobili viro Aloysio Portugalliæ Infanti.

Dilecte fili salutem. Accepimus litteras tuas a dilecto filio nobili viro Alphonso de Alencastro istius Ser^mi Regis fratris tui Oratore ad nos misso, et magna cum voluptate ab eo intelleximus, te pristinam recuperavisse valetudinem, cum diuturno antea morbo laboravisses; gratissimaque est nobis filialis tua in nos observantia, quam paterna nostra in te benevolentia a nobis compensari, certo tibi persuadeas. Volumus, ut hæc, et cætera, quæ cum ipso Alphonso locuti sumus, ipse ad te plenius perscribet. Datum Romæ etc. Prima Marcii MDLI. Anno Secundo.

XXVII

Dilecto filio nobili adolescenti Joanni Portugalliæ Principi Serenissimi Portugalliæ et Algarbiorum Regis nato.

JULIUS PAPA III^us.

Dilecte fili salutem et apostolicam benedictionem. Cum nos nuper prædecessorum nostrorum romanorum pontificum

vestigiis innixi, in hac quarta dominica quadragesimæ in qua
cantatur in ecclesia lætare Hierusalem rosam auréam per
quam designatur gaudium utriusque Hierusalem triumphan-
tis scilicet, et militantis ecclesiæ, ac manifestatur omnibus
christifidelibus flos ipse speciosissimus, qui est gaudium et
corona sanctorum omnium, solemni more benedixerimus,
ad te statim animum nostrum convertimus, cui florem hunc
aureum potissimum dono mitteremus, sicuti eum, dilecto
filio Alfonso de Alencastro militiæ Jesu Christi istius regni
commendatori maiori consanguineo tuo, et serenissimi tui
genitoris apud nos oratori consignavimus, qui ad te per
dilectum filium Balthassarem de Faria nunc etiam ejusdem
serenissimi genitoris tui apud nos oratorem ad vos redeuntem deferetur : verum ut sacrum munus sacra cum
cerimonia tibi exhibeatur, mandamus per præsentes
venerabili fratri Pompeio episcopo Valvensi et Sulmonensi
nostro et apostolicæ sedis apud Majestatem ejusdem tui
genitoris nuntio, vel si ipse impeditus fuerit, cuivis alteri
antistiti per te eligendo, ut post missæ solennia ab eo in
aliqua ecclesia pariter a te eligenda, ipsam rosam auream
ex parte nostra tradat et consignet. Suscipe itaque tu
illam dilectissime fili, qui secundum seculum nobilis potens
ac multa virtute præditus, et clarissimorum regum
parentum tuorum, ac regni istius spes unica existis, ut
amplius omni virtute in Christo Domino augearis tanquam
rosa plantata super rivos aquarum multarum, ut autem
uberiorem nostram in te gratiam agnoscas, omnibus et
singulis utriusque sexus christifidelibus vere poenitentibus
et confessis, seu statutis a jure temporibus confitendi
propositum habentibus, qui missæ prædictæ in toto vel in

parte devote interfuerint, et pro christianorum principum concordia, et sanctæ matris ecclesiæ exaltationes pias ad Deum preces estuderint (*sic*) plenariam omnium et singulorum peccatorum suorum indulgentiam et remissionem de omnipotentis Dei misericordia, ac beatorum Petri et Pauli apostolorum ejus auctoritate confisi, misericorditer in Domino concedimus et elargimur. Datum Romæ apud Sanctum Petrum sub Annulo Piscatoris, die prima Aprilis, MDLI. Pontificatus nostri Anno Secundo.

Rom. Amaseus.